FORMAÇÃO DA COISA JULGADA
E PROVA PRODUZIDA

uma perspectiva do processo coletivo para o individual

Conselho Editorial
André Luís Callegari
Carlos Alberto Molinaro
Daniel Francisco Mitidiero
Darci Guimarães Ribeiro
Draiton Gonzaga de Souza
Elaine Harzheim Macedo
Eugênio Facchini Neto
Giovani Agostini Saavedra
Ingo Wolfgang Sarlet
Jose Luis Bolzan de Morais
José Maria Rosa Tesheiner
Leandro Paulsen
Lenio Luiz Streck
Paulo Antônio Caliendo Velloso da Silveira

P853f Porto, Guilherme Athayde.
     Formação da coisa julgada e prova produzida: uma perspectiva do processo coletivo para o individual / Guilherme Athayde Porto. – Porto Alegre: Livraria do Advogado Editora, 2015.
     123 p.; 23 cm. – (Temas de Direito Processual Civil; 8)
     Inclui bibliografia.
     ISBN 978-85-7348-943-9

     1. Direito processual civil. 2. Coisa julgada. 3. Prova (Direito). 4. Sentença (Processo civil). I. Título. II. Série.

CDU 347.953
CDD 346.04

Índice para catálogo sistemático:
1. Coisa julgada   347.953

(Bibliotecária responsável: Sabrina Leal Araujo – CRB 10/1507)

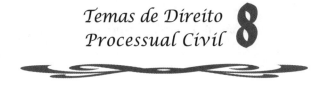

Temas de Direito Processual Civil **8**

Guilherme Athayde Porto

FORMAÇÃO DA COISA JULGADA E PROVA PRODUZIDA

uma perspectiva do processo coletivo para o individual

Porto Alegre, 2015

Coleção
Temas de Direito Processual Civil

Coordenadores
Daniel Mitidiero
Elaine Harzheim Macedo
José Maria Rosa Tesheiner
Marco Félix Jobim
Sérgio Gilberto Porto

© Guilherme Athayde Porto, 2015

Edição finalizada em setembro/2014

Projeto gráfico e diagramação
Livraria do Advogado Editora

Revisão
Rosane Marques Borba

Direitos desta edição reservados por
Livraria do Advogado Editora Ltda.
Rua Riachuelo, 1300
90010-273 Porto Alegre RS
Fone/fax: 0800-51-7522
editora@livrariadoadvogado.com.br
www.doadvogado.com.br

Impresso no Brasil / Printed in Brazil

Dedico, hoje e sempre, aos meus pilares, Sergio, Marta, Natália e Fernando.

E ao meu amor, Patrícia.

"Lutam melhor os que têm belos sonhos".

Prefácio

Conta a lenda que em uma pequena cidade do interior o povo votou por ter uma estátua, em sua praça principal, de um cavalo, a ser esculpida na pedra, até porque era um animal de todos desconhecido, já que lá não havia cavalos.

Para realizar a obra, foi escolhido um artista local que trabalhava em esculpir madeira, por sua habilidade no ato de talhar. O escultor, ao receber a pedra de mármore na qual deveria realizar o seu trabalho, apenas pediu para ser respeitado o seu isolamento, mantendo-se em sigilo o desenvolvimento da criação.

Marcada a data de inauguração da estátua, que foi instalada no centro da praça coberta por um manto, a cidade estava em festa. Depois dos discursos de praxe, seguiu-se o desvelamento da estátua e... surpresa: lá estava um animal portentoso, de quatro patas, cabeça erguida, crina perfeita, rabo ondulante. Um belo e elegante cavalo!

As crianças, mais que todos embevecidas, cercaram o escultor e perguntaram como ele havia conseguido se não tivera nenhum modelo a orientá-lo.

Sua resposta foi simples: eu não precisei fazer nada: o cavalo já estava lá, dentro da pedra de mármore! Bastava revelá-lo ao mundo!

Nós, professores, temos esta missão: revelar ao mundo os novos valores da ciência e do conhecimento, que em absoluto são obras de nossa autoria: apenas retiramos o véu que os encobre.

Apresentar, neste ato, a obra *Formação da coisa julgada e prova produzida: uma perspectiva do processo coletivo para o individual*, e seu autor, jovem talento da ciência jurídica, *Guilherme Athayde Porto*, é, antes de tudo, um ato de prazer, mas também um dever.

Prazerosa a apresentação, porque se torna fácil e fluída. Cumprimento de um dever, porque a omissão é imperdoável, especialmente por quem teve o privilégio de acompanhar passo a passo a construção do texto, que não se deu de forma sigilosa, mas foi evoluindo ao longo do Curso de Mestrado da PUCRS, entre aulas, seminários, debates, diálogos permeados pela descontração que sempre marcou nossos encontros rotineiros de mestrando e de professora.

Enfrentando com o cuidado de leituras e reflexões importantes, dos clássicos aos contemporâneos, institutos tradicionais do Direito Processual Civil, como prova, sentença e coisa julgada, permeados por um juízo reflexivo sobre as novas tendências como a ideia de colaboração no processo e a dinamização do ônus da prova e seus reflexos na resolução do conflito, com um olhar no presente e outro no futuro (Projeto do novo Código de Processo Civil), navega o autor entre o agir jurisdicional no processo coletivo e no processo individual, concluindo com audácia e ineditismo que não apenas o processo individual se presta a inspirar o modelo do processo coletivo, mas que se trata de uma via de mão dupla, podendo ocorrer e legitimando-se exatamente o inverso, isto é, o processo coletivo influenciando o processo individual, em especial no que diz com a indiscutibilidade da coisa julgada frente à difícil decisão de improcedência do pedido por falta de provas e o dogma da indiscutibilidade das decisões que enfrentam o mérito da demanda, seja pela procedência, seja pela improcedência.

Para não ficar apenas na teoria e no abstrato – até porque a ciência do Direito Processual Civil só tem sentido quando aplicada às lides forenses – o autor trabalha situações concretas, especialmente a partir de um estudo de caso específico, o Recurso Extraordinário n. 363.889/DF, denunciando o difícil caminho na concretização dos direitos em litígio que a ordem jurídica tutela.

Cauteloso na compreensão e exposição dos conceitos, institutos e categorias afins ao tema escolhido – discutir a coisa julgada em processos que redundaram na improcedência do pedido por falta de prova dos fatos constitutivos do direito do autor – não deixou o jovem mestre de ousar, propondo, *de lege ferenda*, solução alternativa, inspirada no processo coletivo, a viabilizar uma rediscussão da demanda cuja prova foi insatisfatória.

Ciente de que muitos e inúmeros seriam os contrapontos que a doutrina tradicional poderia opor, amparados por significativa produção científica, teve o autor a coragem de abrir a caixa de Pandora e permitir que novos ares circulem sobre tema que os tempos no Direito não lograram pacificar.

Estão de parabéns *Guilherme Athayde Porto,* pelo trabalho que realizou, e toda a comunidade jurídica, por receber esta obra que vem enriquecer a bibliografia jurídica.

Elaine Harzheim Macedo

Sumário

1. Introdução..13
2. Sobre a prova e suas características essenciais.......................................15
   2.1. Conceito e compreensão...15
   2.2. Sistemas de avaliação da prova...18
      2.2.1. Sistema legal..18
      2.2.2. Sistema da livre convicção..19
      2.2.3. Sistema da livre convicção motivada (persuasão racional)...........20
   2.3. Objeto e meios de prova..21
      2.3.1. Do objeto da prova...21
      2.3.2. Dos meios de prova..23
   2.4. A prova como direito fundamental e elemento essencial na busca da verdade real (o processo como instrumento e espaço democrático de realização da prova)..............25
   2.5. O ônus da prova e a ideia de colaboração no Processo Civil..................35
   2.6. A dinamização do ônus da prova e o projeto de um novo Código de Processo Civil.....40
   2.7. A importância da prova na fundamentação da sentença de mérito............44
      2.7.1. Sentença: compreensão do instituto...44
      2.7.2. A sentença, a prova e a motivação...47

3. Sobre a formação da coisa julgada no processo coletivo e no processo individual....53
   3.1. Aspectos introdutórios: as ações coletivas...53
   3.2. Ações coletivas: pontos de esclarecimento...58
   3.3. Coisa Julgada coletiva e individual: a diferenciação entre o instituto coletivo e o individual...61
      3.3.1. A Coisa Julgada coletiva e suas características............................63
      3.3.2. Coisa Julgada coletiva: direitos difusos e coletivos *stricto sensu*. Coisa Julgada *secundum eventum prabationis* e *secundum eventum litis* e demais aspectos relevantes.....64
      3.3.3. Coisa Julgada coletiva – direitos individuais homogêneos............71
      3.3.4. Da Coisa Julgada no processo civil individual – conceito, características e diferenciação da Coisa Julgada coletiva...75
         3.3.4.1. Coisa Julgada como autoridade..81
         3.3.4.2. Limites subjetivos e objetivos da Coisa Julgada...................83
         3.3.4.3. Funções da Coisa Julgada – positiva e negativa....................86
   3.4. Conclusões parciais...88

4. A interligação entre prova, sentença de mérito (com análise de fatos) e coisa julgada material. A sentença de improcedência por falta de provas 89

4.1. Mérito – conceito e compreensão. 89

4.2. A relação entre o mérito e a prova – análise da causa de pedir e a sentença de improcedência por falta de provas. 96

4.3. A necessária diferenciação entre coisa julgada material e coisa julgada *secundum eventum probationis*. 105

4.4. A relativização da coisa julgada pelo Supremo Tribunal Federal (REXT nº 363.889/DF). Relativização ou inexistência: uma reflexão! 108

5. Conclusão. 117

Referências bibliográficas. 119

1. Introdução

O presente trabalho tem por escopo apontar possível equívoco e incoerência de uma opção feita pelo ordenamento jurídico processual brasileiro. Nessa linha, tem por propósito apresentar uma visão crítica a respeito da formação de Coisa Julgada material decorrente de sentença de improcedência por falta de provas.

Como sabido, o ordenamento jurídico processual pátrio estabelece que, no processo individual, a sentença qualificar-se-á com a Coisa Julgada material quando julgar procedente ou improcedente a pretensão deduzida. Por meio do presente, buscou-se evidenciar que tal hipótese não deve ser generalizada tal como posto pelo sistema atual, pois, como se demonstra, na decisão que rejeita pedido por insuficiência de provas, não ocorre efetiva análise de mérito, pois, em realidade, o juízo, ao assim decidir, está a afirmar que não foi possível formar convicção em torno da pretensão. Não afirma, portanto, que o autor está com razão ou não. Apenas, em atenção à técnica de decidir, rejeita a pretensão por não ter o autor logrado sucesso na demonstração da procedência de sua alegação.

Percebeu-se, por conseguinte, nessa hipótese, a ausência de exame de mérito, pois a decisão não enfrenta a causa de pedir em face do pedido. Desse modo, se não há exame de mérito, não resta possível a formação de Coisa Julgada material porque a análise de mérito é pressuposto insuperável para a formação desta no sistema atual. A hipótese, segundo se demosntra, mais se amolda ao instituto da Coisa Julgada *secundum eventus probationis*, já presente na disciplina das demandas coletivas e ainda não contemplada legislativamente pelas demandas individuais.

Destaca-se, ainda, que a parte desfruta de um verdadeiro direito fundamental à prova e que, no momento em que se outorga autoridade de Coisa Julgada material à decisão que rejeita pretensão por falta de provas, resta instaurado um confronto. De um lado, a autoridade da Coisa Julgada material que em face de sua eficácia negativa impede a reapreciação de demanda já deduzida; de outro, o direito fundamental de provar sua alegação em outra demanda.

Naturalmente que, para os fins do presente estudo, foram excluídas as demandas cuja solução não dependa de prova, ou seja, aquelas em que se discute unicamente matéria de direito. Também restaram excluídas desta projeção aquelas demandas em que existe a completa inversão do ônus da prova, pois, em tais hipóteses, a sentença será procedente caso não seja refutada a fundamentação trazida pelo autor, como é comum nos debates que envolvem direitos do consumidor.

Ademais, igualmente foi necessário se estabelecer um cotejo com o processo coletivo brasileiro, o qual possui diferenças sensíveis, em especial, no que tange à formação da Coisa Julgada material, porque percebeu-se que, no processo coletivo, já existe a hipótese que aqui se busca transportar para o processo individual. Ainda que existam fundamentos ideológicos diversos entre o processo coletivo e o processo individual, estes se comunicam e deve se aproveitar aquilo que cada um possui de melhor. A evolução do processo individual passa também por uma análise mais pormenorizada do que hoje acontece na tutela dos direitos coletivos *lato sensu*, pois é uma perspectiva diferente e que pode muito colaborar para o desenvolvimento e readequação da ciência processual voltada para o indivíduo isoladamente considerado, que hoje está, cada vez mais, em busca de solucionar os diversos problemas que se apresentam na sociedade.

Diante da identificação de hipótese que pode qualificar significativamente a prestação jurisdicional e, naturalmente, colaborar para uma efetiva e concreta distribuição de justiça, a partir da busca pela verdade, parece necessário que se revisem algumas projeções a respeito da Coisa Julgada já de muito postas.

Como forma de melhor embasar o estudo, utilizou-se de julgado do Supremo Tribunal Federal que, mesmo estando em sentido diverso do que neste estudo se defende, serve como elemento que poderá ensejar a reflexão dos juristas para situação que antes não se conferia maior meditação.

Assim, ao final, pretende-se demonstrar que a releitura sobre a formação da Coisa Julgada decorrente da sentença de improcedência por falta de provas é urgente em razão da existência de questões cuja relevância social, ainda, com a devida vênia, não foram bem percebidas.

2. Sobre a prova e suas características essenciais

2.1. CONCEITO E COMPREENSÃO

Trazer conceitos fechados, em especial, para institutos tão importantes como o aqui referido, sempre, deve vir acompanhado de certa dose de temperamento, haja vista a relevância para o direito e para a sociedade. O direito como ciência social não é afeito às certezas matemáticas, que acaba por transformar a tentativa de fornecer uma definição em trabalho árduo e ingrato para aqueles que se propõem a fazê-lo. Os conceitos mudam de acordo com a mudança da sociedade. Por isso, o direito precisa acompanhar essa evolução para estar apto a tutelar os interesses da época em que se encontra.

O termo *provar* traz consigo a ideia de demonstrar algo, tornar certo o que era duvidoso, esclarecer um ou diversos fatos. Tudo isso serve como indicativo do que seria provar. Contudo, naturalmente, são apenas indicativos breves e insuficientes, em especial para o direito.[1]

É importante saber o que se prova. São objetos de prova os fatos e, por exceção, o direito, mais especificamente nas hipóteses elencadas no art. 337 do vigente CPC, que são o direito municipal, estadual, estrangeiro e consuetudinário. Por isso é que o alvo principal da prova, via de regra, recai sobre os fatos trazidos pelas partes para o debate judicial.

O juiz, como é alheio aos fatos que são trazidos de forma absolutamente parcial pelas partes, pois defendem interesses próprios, depende de elementos

---

[1] Na lição de Marinoni e Arenhart: "Cabe advertir, desde logo, que a palavra 'prova' pode assumir diferentes conotações não apenas no processo civil, mas também em outras ciências. Assim é que, pode significar inicialmente os instrumentos de que se serve o magistrado para o conhecimento dos fatos submetidos à sua análise, sendo possível assim falar em prova documental, prova pericial etc. Também pode essa palavra representar o procedimento através do qual aqueles instrumentos de cognição se formam e são recepcionados pelo juízo; este é o espaço em que se alude à produção da prova. De outra parte, prova também pode dar a ideia da atividade lógica, celebrada pelo juiz, para o conhecimento dos fatos (percepção e dedução, no dizer de PROTO PISANI). E, finalmente, tem-se como prova, ainda, o resultado da atividade lógica do conhecimento". MARINONI, Luiz Guilherme; ARENHART, Sérgio Cruz. *Manual do processo de conhecimento.* 4. ed. São Paulo: Revista dos Tribunais, 2005. p. 259.

que possam lhe conferir aptidão para verificar quem possui razão no debate para que possa proferir sua decisão.[2]

Aliás, em razão desta circunstância, das provas estarem ligadas diretamente à ideia de comprovar o fato alegado pela parte é que essas estão intimamente ligadas ao direito processual. O processo é o espaço en que as provas poderão ser produzidas e, por conseguinte, aptas a demonstrarem a veracidade ou não das alegações, permitindo, então, que se realize o direito material pleiteado.[3]

A prova permite, pois é de sua essência, que se torne concreto o direito que está abstratamente posto no ordenamento jurídico, tendo em vista que é por meio dessa que se confirmará ou não a existência de um fato que daria ensejo e legitimidade ao pleito. É através de sua produção que é feita a conexão do mundo do dever ser (norma abstrata) para o mundo do ser (concretização da norma).

Diversos autores dedicaram suas reflexões à tentativa de conceituação do que seria provar. Cássio Scarpinella Bueno, por exemplo, entende que:

> Prova é a palavra que deve ser compreendida para os fins que aqui interessam como tudo o que puder influenciar, de alguma maneira, na formação da convicção do magistrado para decidir de uma forma ou de outra, acolhendo, no todo ou em parte, ou rejeitando o pedido do autor e os eventuais demais pedidos de prestação da tutela jurisdicional que lhe são submetidos para julgamento.[4]

Luiz Rodrigues Wambier, por seu turno, entende que prova "como o instrumento processual adequado a levar ao conhecimento do juiz os fatos que envolvem a relação jurídica objeto da atuação jurisdicional".[5]

Rui Manuel de Freitas Rangel compreende o instituto da seguinte forma:

> Pode-se definir a prova, no domínio processual, como a actividade ou o conjunto de operações destinadas à formação da convicção do juiz, sobre a veracidade dos factos controvertidos que forma carreados para o processo pelas partes e que se encontram seleccionados na base instrutória. Ela visa fornecer os elementos ao

---

[2] Como bem refere Couture: "Pero como el juez es normalmente ajeno a eses hechos sobre los cuales debe pronunciarse, no puede pasar por la simples manifestaciones de las partes, y debe disponer de medios para verificar la exactitud de esas proposiciones. Es menester comprobar la verdad o falsedad de ellas, con el objeto de formarse convicción a su respecto". COUTURE, Eduardo J. *Fundamentos del derecho procesal civil*. Buenos Aires: Depalma, 1977. p. 217.

[3] Na lição de Salvatore Satta: "Observamos mais como podem as provas podem ser consideradas sob o ângulo estático e sob aquele dinâmico ou processual se assim se quer. Estaticamente as provas não pertencem ao direito processual, mas ao substancial, pois que sob este aspecto as provas são consideradas como meios ou fontes (de prova), que estão em função da certeza dos negócios jurídicos; são ainda consideradas em sua relação com a condição jurídica que se afirma ou se contesta, e por essa razão subjetivamente de ônus da prova e de sua 'distribuição', que é ainda tal em função da certeza. *Dinamicamente*, ao revés, a prove é observada como reprodução ao juízo do fato a provar, o que sucede justamente no processo, e obriga todos os sujeitos deste mesmo processo: as partes e o juiz". SATTA, Salvatore. *Direito processual civil*. Trad. Luiz Autuori. Rio de Janeiro: Borsoi, 1973. p. 315.

[4] SCARPINELLA BUENO, Cassio. *Curso sistematizado de direito processual civil*. São Paulo: Saraiva, 2007. v. 2, tomo II, p. 233.

[5] WAMBIER, Luiz Rodrigues; CORREIA DE ALMEIDA, Flávio Renato; TALAMINI, Eduardo. *Curso avançado de processo civil*. 7. ed. São Paulo: Revista dos Tribunais, 2005. v. I, p. 428.

julgador sobre a realidade dos factos controvertidos, sanando, na medida do possível, as dúvidas existentes na sua mente sobre os factos carecidos de prova.[6]

Já Liebman entende que:

Prueba es, pues, todo lo que puede servir para convencer al juez de la existencia (o inexistencia) de um hecho, y em este sentido es sinonimo de la expresión medio de prueba; pero prueba es también el resultado que los medios de prueba tratan de obtener, por lo cual se dice que se alcanzado o que falta la prueba de um cierto hecho.[7]

Como se percebe, muitos são os conceitos elaborados pelos diversos juristas. Mas, ainda assim, mesmo que se tenha uma ideia geral aceitável, cada um percebe nuances diferentes, conforme as distintas perspectivas. Todavia, todos parecem concordar que a prova é um instrumento pelo qual se pode chegar ao mais próximo da verdade e pelo qual o magistrado pode chegar a formar sua convicção sobre qual deve ser o caminho tomado para resolução do conflito. Como afirmara Couture:

Mirada desde el punto de vista de las partes, la prueba es, además, uma forma de crear la convicción del magistrado. El régimen vigente insta a las partes a agotar los recursos dados por la ley para formar em el espíritu del juez um estado de convencimiento acerca de la existencia o inexistência de las circunstancias relevantes del juicio.[8]

O Código Civil português, em seu art. 341, entende que "as provas têm por função a demonstração da realidade dos fatos". Ou seja, segue na mesma linha que os conceitos acima referidos. É como pode se reconstruir os fatos, é o meio pelo qual se pode chegar a uma decisão justa.[9]

Toda investigação processual, todas as alegações de direito de um lado para o outro dependerão da produção adequada de provas para serem demonstradas, permitindo, assim, ao juiz eleger de acordo com os elementos que lhe foram entregues.

Mais uma vez entende-se pertinente destacar que o jurisdicionado busca o Judiciário para que este lhe apresente uma solução e que acabe com o conflito, terminando com as dúvidas sobre a quem pertence determinado direito. Isto naturalmente depende da possibilidade da produção da prova.

Quando a prova é insuficiente, não pode o magistrado proferir a quem pertence o direito, mas como lhe é vedado o *non liquet*, o sistema optou por entender que a demanda deverá ser julgada improcedente, nesta hipótese. Quanto

---

[6] DE FREITAS RANGEL, Rui Manuel. *O ônus da prova no processo civil.* Coimbra: Almedina, 2000. p. 20. Vale ainda mencionar Castro Mendes, segundo o qual prova "é o pressuposto da decisão jurisdicional que consiste na formação, através do processo no espírito do julgador, da convicção de que certa alegação singular de facto é justificável mente aceitável como fundamento da mesma decisão". CASTRO MENDES, João de. *Do conceito jurídico da prova em processo civil.* Lisboa: Atica, 1961. p. 741.

[7] LIEBMAN, Enrico Túlio. *Manual de derecho procesal civil.* Buenos Aires: EJEA, 1980. p. 275.

[8] COUTURE, 1977, p. 218.

[9] Vale dizer que decisão justa, segundo se entende, é aquela que o mais próximo possível da verdade real. Isso porque, a verdade como um pressuposto ético de nosso ordenamento, não pode ser apartada das decisões judiciais. Assim, aquela decisão que mais se aproximar da verdade, mais próxima da justiça efetiva estará.

a isso, não parece existir maior problema, mas o que se pretende mais adiante questionar é se a opção feita pelo ordenamento jurídico, de conferir a autoridade de Coisa Julgada material a esta decisão que negou o direito pela falta de provas, está correta.

Isso porque, como se denota dos conceitos trazidos, é claramente perceptível que todos trazem a ideia de que a prova serve para que se chegue ao mais próximo da verdade e que o juiz possa formar convicção a respeito do que irá determinar ao exercer sua jurisdição.

No entanto, quando há tal hipótese, é preciso questionar se a atividade jurisdicional cumpriu efetivamente seu papel, de solucionar o conflito, de dizer o direito, de pacificar a lide. É preciso questionar, inclusive, se efetivamente ocorreu ali uma prestação jurisdicional. Mas este aspecto será tratado mais adiante neste trabalho.

2.2. SISTEMAS DE AVALIAÇÃO DA PROVA

A evolução do direito probatório se deu de diversas formas. Já passaram diversos sistemas de avaliação ou de valoração da prova. Foram sistemas que, cada um à sua época, tiveram seu período de predominância, mas que, seguindo o curso natural, não poderiam se sustentar da forma que se encontravam. Predominantemente, verificam-se três sistemas de valoração da prova. São eles o da prova legal, da livre apreciação e do livre convencimento motivado (persuasão racional).

A importância do estudo desses sistemas se revela quando se percebe a evolução da democratização do processo, passando por sistemas que eram absolutamente fechados, em que não se permitia uma interpretação da prova (sistema legal), e alcançando aquele em que não era necessário qualquer justificação do magistrado para sua decisão (livre apreciação).

Com o predomínio, hoje, do sistema da persuasão racional, permitiu-se que o processo fosse absolutamente democratizado, nada podendo ser decidido sem que se realize uma devida motivação, ou seja, estando de acordo com a ideia constitucional de fundamentação das decisões.

Mas sempre é pertinente revisitar esses sistemas para que se vislumbre ainda mais esta evolução saudável que a teoria da prova vem obtendo ao longo dos anos e com o evoluir da ciência processual.

2.2.1. Sistema legal

O sistema da prova legal, que teve seu auge no direito medieval, hodiernamente, encontra-se, para não dizer totalmente abandonado, praticamente em desuso. Trata-se de um sistema em que ao juiz não é permitida a valoração da prova de acordo com seu sentimento. A lei estabelece, *a priori*, o valor que deve ser dado às provas produzidas. O juiz era absolutamente passivo no sistema também conhecido como da prova tarifada. Ao juiz, então, não cabia interpretar a prova produzida, os elementos trazidos. Cabia a ele apenas reconhecer a sua produção e julgar o processo de acordo com o que é indicado na prova.[10]

A respeito, a lição de Moacyr Amaral Santos é esclarecedora:

> Conforme este critério, o juiz tem de manifestar a verdade que decorrer apenas do alegado e provado – *secundum allegata et probata iudicare debet* – no sentido de que não lhe é permitido julgar senão na conformidade daquilo que foi alegado pelas partes e provado nos autos, muito embora outra seja a verdade, bem como deverá cingir-se escrupulosamente às regras legais, quanto à eficácia da prova. Assim, por mais que se convença da verdade resultante de uma só testemunha, não poderá afirmá-la à vista da regra *testis unus, testis nullus*; por mais que se convença do absurdo resultante dos depoimentos uniformes de duas ou mais testemunhas, deverá afirmar o fato provado por estas, segundo a regra *testibus duobus fide dignis credendum*. Era às partes inteiramente livre por meio das provas legais, atuar sobre o espírito do juiz.[11]

Fica evidente o porquê tal sistema, hoje, já não condiz com a realidade do direito, bem como o porquê de estar quase completamente abandonado.[12] Sua tarifação não condiz com o espírito de um processo democrático em que o juiz não possui nenhuma liberdade de interpretação das evidências que lhe são alcançadas.

2.2.2. Sistema da livre convicção

Basicamente oposto ao sistema da prova legal ou da prova tarifada é o sistema da livre convicção. Sua origem remonta ao direito romano no qual o juiz possuía absoluta liberdade para decidir e apreciar as evidências.[13] O magistrado

---

[10] Vale trazer a lição de Ovídio Araújo Baptista da Silva: "O sistema da prova legal está, se não abandonado, pelo menos sensivelmente reduzido de importância no direito moderno. Segundo este sistema, cada prova tem um valor inalterável e constante, previamente estabelecido pela lei, não sendo lícito ao juiz valorar cada prova segundo critérios pessoais e subjetivos de convencimento, de modo diverso daquele que lhe tenha sido determinado pela lei. Assim, por exemplo, no direito medieval , onde vicejou em toda sua plenitude este sistema, o valor da prova testemunhal era rigorosamente quantificado pela lei e estabelecidas regras legais quanto à credibilidade do depoimento, de modo que o juiz ficava adstrito a essa valoração objetiva da prova." BAPTISTA DA SILVA, Ovídio Araújo. *Curso de processo civil*. São Paulo: Revista dos Tribunais, 2000. v. I, p. 348.

[11] SANTOS, Moacyr Amaral. *Prova judiciária no cível e comercial*. 5. ed. São Paulo: Saraiva, 1983. v. I, p. 394.

[12] Por exemplo, o pacto antenupcial somente prova sua validade se for feito mediante escritura pública (art. 1.653 do Código Civil).

[13] Isto é o que refere Moacyr Amaral Santos: "As origens do sistema da livre convicção remontam ao direito romano, na constância do qual era dada ao juiz a mais ampla liberdade no coligir e apreciar as provas. 'O juiz de Roma teve por ofício procurar livremente a verdade dos fatos avaliando as provas: ele pronuncia a decisão que lhe sugere a consciência'. Era como uma consequência do procedimento oral estabelecido naquele direito" (SANTOS, 1983, p. 395).

poderia, dessa maneira, julgar e avaliar as provas conforme sua consciência, sem qualquer elemento que o compelisse a justificar o porquê quanto à sua decisão neste ou naquele sentido.

Assim, sob tal perspectiva, há mais que uma verdade jurídica: existe a verdade do juiz, que, segundo este sistema, é, em realidade, sinônimo da verdade jurídica. Como refere Couture:

> La libre convicción, en cambio, no tiene porque apoyarse en hechos probados: puede apoyarse en circunstancias que le consten al juez aun por su saber privado; no es menester, tampoco, que la construcción lógica sea perfecta y susceptible de ser controlada *a posteriori*: basta en esos casos con que el magistrado afirme que tiene la convicción moral de que los hechos han ocurrido de tal manera, sin que se vea la necessidad de desarrollar logicamente las razones que le conducen a la conclusión establecida.[14]

Ou seja, o juiz não precisa se vincular a nenhum dos elementos que foram trazidos para o feito, pois é livre para decidir de acordo com sua consciência, sem a necessidade de justificar sua decisão com os elementos provados no processo. Vale referir que esse sistema ainda possui algum espaço no ordenamento pátrio nos casos de julgamento de júri popular, no qual a íntima convicção é o que irá determinar a condenação ou absolvição do réu, não se exigindo qualquer motivação por parte dos jurados no tocante ao porquê decidiu por este ou por aquele caminho.

2.2.3. Sistema da livre convicção motivada (persuasão racional)

Sistema mais moderno e que se encontra em vigência no ordenamento brasileiro é o sistema da livre convicção motivada ou persuasão racional (CPC, art. 131). Trata-se de um sistema balanceado entre os precedentemente apresentados. Isso porque, no sistema da persuasão racional, o magistrado é livre para apreciar os elementos probatórios, mas é destes elementos que deve extrair a sua convicção, e não de suas impressões pessoais ou de elementos alheios aos fatos do processo. Trata-se da convicção formada pela prova e não de uma convicção arbitrária sem fundamento.

A decisão, portanto, deve ser motivada com os elementos que foram provados pelas partes ou pelo próprio juiz através de seus poderes instrutórios. Esses elementos é que são os formadores da convicção do magistrado. Mais uma vez vale destacar Moacyr Amaral Santos:

> O juiz, não obstante aprecie as provas livremente, não segue as suas impressões pessoais, mas tira a sua convicção das provas produzidas, ponderando sobre a qualidade e *vis probandi* destas; a convicção na consciência formada pelas provas, não arbitrária e sem peias, e sim condicionada a regras jurídicas, a regras da lógica, a

---

[14] COUTURE, 1977, p. 274.

regras de experiência, tanto que o juiz deve mencionar na sentença os motivos que a formaram.[15]

O sistema da livre convicção motivada se amolda de forma muito mais adequada a um Estado constitucional que visa ao respeito à lei, sem dar ensejo a arbitrariedades. Assim, o juiz fica vinculado às provas produzidas no feito e trazidas pelas partes ou por ele mesmo determinadas, mas tem liberdade ampla no momento de apreciá-las, devendo apenas demonstrar quando proferir sua decisão, apontar os fundamentos (existentes no processo) que o levaram a decidir pelo "sim" ou pelo "não".[16]

2.3. OBJETO E MEIOS DE PROVA

2.3.1. Do objeto da prova

A necessidade de provar decorre de uma situação evidente. De duas afirmações que normalmente são absolutamente colidentes. A tese da petição inicial e antítese da contestação, via de regra, trazem duas versões não apenas distintas, mas excludentes a cerca de um ou mais fatos.

Em razão disso, surge a necessidade de que as alegações trazidas pelas partes sejam demonstradas como verdadeiras, pois meras afirmações não são suficientes para que se diga se possui ou não o direito pleiteado. Como ensina Liebman "objeto de la prueba son los hechos de la causa, o sea, todas circunstancias de hecho alegadas por las partes como fundamentos sus demandas o excepciones".[17]

O que se pretende averiguar com a produção probatória é a efetiva veracidade das alegações para que o juiz possa, dessa forma, reconhecer a existência ou não do fato que dá ensejo ao pleito elaborado pelo autor e contestado pelo réu.

A necessidade de provar, dessa forma, fica evidenciada pela existência de alegações controvertidas. Contudo nem sempre alguns fatos necessitarão a produção da prova a respeito de sua existência. Há ocasiões em que a prova não necessitará ser produzida. Existem casos que a alegação trazida pela parte

---

[15] SANTOS, 1983, p. 398.

[16] Vale referir o magistério de Fredie Didier: "a existência de dispositivos legais relacionados à prova não impede a livre apreciação do material probatório pelo magistrado; apenas direciona, estabelecendo parâmetros. Pensar de modo contrário seria exumar um sistema de valoração que, em sua rigorosa versão, já há muito tempo fora banido das legislações modernas. Temos, portanto, um sistema de valoração das provas de acordo com o livre convencimento do magistrado, balizado em alguns momentos pelo legislador, como forma de evitar decisões arbitrárias, baseadas em interpretações bem pessoais de material probatório formado, bem como, e por isso mesmo, resguardar a segurança jurídica)". DIDIER JR., Fredie; SARNO BRAGA, Paulo; OLIVEIRA, Rafael. *Curso de direito processual civil.* 7. ed. Salvador: Podium, 2012. v. II, p. 42.

[17] LIEBMAN, 1980, p. 281.

FORMAÇÃO DA COISA JULGADA E PROVA PRODUZIDA

será considerada verídica, dessa maneira, dispensando-se o exercício do direito à prova, pois este, verdadeiramente, será desnecessário.

O primeiro exemplo que se pode trazer a este respeito é o da revelia, constante no art. 319 do vigente CPC. Quando o processo corre à revelia, reputar-se-ão verdadeiros os fatos não rebatidos, assim, assumindo uma presunção legal de veracidade. A hipótese de verdade presumida trazida na lei ocorre porque o réu deixou de exercer o ônus que lhe é conferido de rebater os argumentos trazidos pelo autor. E, ao deixar de rebater, a tese passa a ser a única versão dos fatos, razão pela qual passa a reinar como a versão real dos acontecimentos. Ademais, a revelia não é a única hipótese em que os fatos não precisam ser provados.[18] É possível se visualizar pelo menos duas outras hipóteses em que os fatos também carecem da necessidade de prova. Quando os fatos são afirmados por uma parte e reconhecidos pela outra, naturalmente, não há necessidade de produção de prova por uma evidente inutilidade em tal busca. Se o fato é confessado por uma das partes, não há fato controvertido, por conseguinte, torna-se desnecessário buscar elementos que sustentem a afirmação.

Da mesma forma, também, é dispensado o dever de se provar os fatos notórios.[19] Estes, por pertencerem ao conhecimento geral e fazerem parte da cultura de determinado grupo social de determinada época dispensam a prova.

Por exceção também deve ser provado o direito. Mas tipos especiais de direito, daqueles que não se exige conhecimento prévio do magistrado. Prevê o art. 337 do CPC que deve ser provado, se trazido, o direito municipal, estadual, estrangeiro ou consuetudinário. Ou seja, estes direitos referidos não fazem parte do conhecimento mínimo que se exige do julgador, razão pela qual a sua vigência deve ser demonstrada pela parte que busca sua guarida.[20]

---

[18] Salvo, por exemplo, quando se trata de direitos indisponíveis, cuja confissão ficta é recebida com reservas.

[19] Sobre os fatos notórios a lição de Adolf Schonke: "No todos los hechos de importancia para un proceso precisan de prueba. No necesitan de prueba los hechos notorios ni los confesados; y la necesitan con limitación mediando presunciones.Los hechos notorios para el Tribunal no necesita prueba (§ 291). Estos hechos pueden ser de notoriedad general (del domínio público) o solamente para el tribunal, según el Tribunal Supremo. [...] a) hechos de notoriedad general son los conocidos con seguridad por todos, o, al menos, por un gran círculo d personas. A ellos pertenecen, por ejemplo, los grandes acontecimientos históricos, la importancia de las ciudades, y también, según el Tribunal Supremo, los sucesos de actualidad reseñados uniformemente por todos los diarios. Es indiferente que estos hechos lo conozca el Juez en el momento, o que los determine con ayuda de los medios al alcance de todo el mundo, como, por ejemplo, un precio o cotización determinados, se toman de los Boletines de cotización generales [...]. Notorios para el Tribunal son los hechos de que el juez tiene conocimiento por razón de su propia actividad profesional. El Tribunal Supremo há declarado, por ejemplo, que sabía, por razón de su actividad en asuntos abitrales, 'que muy frecuentemente los comerciantes se someten a las Ordenanzas de maercado y bolsas de determinadas plazas, sin conocerlas en detalle, y que después, si resulta que la Ordenanza contiene una cláusula arbitral, se sienten también obligados por ella'. El Juez puede igualmente valorar conocimientos técnicos que haya adquirido por médio de dectamen pericial en un procedimiento anteriro semejante." (SCHONKE, Adolf. *Derecho procesal civil*. Trad. Pietro Castro. Barcelona: Bosch, 1950. p. 200).

[20] Cândido Rangel Dinamarco expõe seus ensinamentos sobre o tema: "'a parte que alegar direito municipal, estadual, estrangeiro ou consuetudinário provar-lhe-á o teor e a vigência, se assim o determinar o juiz'. Essa disposição, contido no art. 337 do Código de Processo Civil, constitui ressalva à chamada *presunção de conhecimento do direito* (LICC, art. 3º) e reconhece a dificuldade que podem ter os juízes para conhecer normas

2.3.2. Dos meios de prova

Importante também, ao se falar sobre a teoria das provas, passar, mesmo que brevemente pelos meios de prova. De acordo com o art. 332 do CPC, todos os meios legais, assim como os moralmente legítimos são hábeis para provar a verdade dos fatos. Pois são os meios legais aqueles presentes na legislação, conhecidos como meios típicos. E os meios de prova típicos são: a prova documental, a prova testemunhal, o depoimento pessoal, a inspeção judicial. Nesse ponto, deixa-se de fora a confissão pela polêmica existente se a confissão seria efetivamente meio de prova ou a própria prova em si. Como se trata de questão alheia a proposta aqui debatida, não ha de se ingressar neste debate.

No ordenamento brasileiro, no entanto, como se afere da exegese do art. 332, impera o princípio da prova atípica, ou seja, de que apesar de existir um rol dos meios de prova, trata-se de rol meramente exemplificativo, pois as partes podem utilizar-se de quaisquer outros meios para comprovar suas alegações, desde que estes sejam moralmente aceitos e não atinjam a ordem jurídica. Os meios de prova são elementos que compõem a parte interna do processo que visam desvendar fatos importantes para o feito.[21]

Questão que sempre ergue grande controvérsia, pois sua conceituação sempre gerou debate na doutrina especializada é o debate sobre os meios moralmente legítimos. Talvez, poucos conceitos na ciência jurídica sejam mais abstratos do que "os meios moralmente legítimos".

Claro que o legislador, quando entendeu por permitir que os meios moralmente legítimos fossem admitidos como meios de prova, compreendeu este conceito como a moral do homem médio. Contudo, mesmo a moral do homem médio é de difícil aferição, pois conta com diversos aspectos que devem ser sempre considerados, tais como o tempo, a região, entre outros. Não constitui

---

não integradas na ordem jurídico-positiva *federal*. Nem sempre haverá acesso razoavelmente fácil aos atos e publicações dos Estados Federados e, menos ainda, de Estados estrangeiros ou dos municípios em geral; o *direito costumeiro*, nem sempre objeto de registros idôneos e suficientemente divulgados, também pode ser uma incógnita para quem vai julgar. Assim é que a regra *jura novit cúria* não chega ao ponto irreal de pressupor que o juiz conheça *todas* as normas jurídicas do mundo inteiro ou mesmo aquelas particulares que o homem comum nem sempre conhece bem. Mas, pelo que está nas últimas palavras do art. 337, não será exigida a prova do teor e vigência dessas regras quando por algum modo o juiz já as conheça – ou por sua própria cultura, ou porque já trazida aos autos a comprovação" (DINAMARCO, Cândido Rangel. *Instituições de direito processual civil*. São Paulo: Malheiros, 2001. v. III, p. 69).

[21] Na lição de Cândido Rangel Dinamarco: "Meios de prova são as técnicas destinadas à investigação de fatos relevantes para a causa. Diferentemente das fontes, eles são fenômenos internos do processo e do procedimento. Atuam sobre aquelas e cada um deles é constituído por uma série ordenada de atos integrantes deste, realizados em contraditório, com observância das formas que a lei estabelece e dirigidos pelo juiz." (DINAMARCO, 2001, p. 87). Também vale trazer a palavra de Liebman no que toca os meios de prova: "Medios de prueba son, en cabio, propiamente las personas o las cosas de las que quieren sacar elementos de conocimiento útiles a la investigación de al verdad. Las pruebas pueden ser ya perfectamente formadas antes del proceso, en modo tal que bastará producirças, esto es, instroducirlas en el fascículo del proceso, a fin de que el juez las pueda examinar y se puedan deducir de ellas las observaciones que Le permitirán formarse un convencimiento ya sea sobre los hechos de la causa [...]" (LIEBMAN, 1980, p. 296).

qualquer novidade referir que algo é considerado absolutamente aceitável, por exemplo, em uma região do país, enquanto, em região diversa, o mesmo fato pode ser tido como inaceitável para determinada comunidade.

Também é vedada a utilização de meios de prova ilícitos.[22] Ponto que sempre foi alvo de grande debate da doutrina e merece que se dedique algumas linhas sobre o tema. Trata-se de tema que a própria Constituição Federal cuidou de regular, vedando expressamente a utilização de provas obtidas por meio ilícito. No entanto, conquanto tenha sido vedada pela Constituição, a relativização de tal norma é algo que, em determinadas circunstâncias, tornou-se aceitável, em especial, por meio da técnica de ponderação de valores e pela utilização do princípio da proporcionalidade.

Contudo, a ponderação de valores através do princípio da proporcionalidade, hoje, é utilizada quase que de forma desavisada por grande parte dos operadores do direito. Existe uma generalização ou até uma vulgarização do princípio da proporcionalidade. Há um clamor pela sua utilização, sem, no entanto, existir uma preocupação com a técnica adequada de sua utilização.

E um dos grandes problemas existentes se constitui exatamente na utilização atécnica de tal princípio, ou postulado, como denominado por parte importante da doutrina, pois pode dar ensejo a um uso irrestrito e, por conseguinte, inadequado. E, como consequência desta utilização inadequada, está exatamente aquilo que se procura evitar – a violação de uma série de direitos e princípios fundamentais que, sob a guarida e sob o argumento daqueles que utilizam sem qualquer critério o postulado da proporcionalidade, são postos de lado de forma absolutamente arbitrária.

Para bem ilustrar, é importante mencionar a ideia de Humberto Ávila, que de forma clara, fornece valiosa lição sobre o postulado da proporcionalidade:

> O postulado da proporcionalidade não se confunde com a ideia de proporção em suas mais variadas manifestações. Ele se aplica a situações em que há uma relação de causalidade entre dois elementos empiricamente discerníveis, um meio e um fim, de tal sorte que se possa proceder aos três exames fundamentais: o da adequação (o meio promove o fim?), o da necessidade (dentre os meios disponíveis e igualmente

---

[22] Importante lembrar a respeito da teoria americana dos frutos da árvore envenenada. Sobre o tema vale a lição de Fredie Didier Jr., Paulo Sarno Braga e Rafael Oliveira: "Não se pode esquecer, ainda, das chamadas provas ilícitas por derivação – a teoria dos frutos da árvore envenenada (*frito f the poisonous tree*). A doutrina e a jurisprudência também repelem as chamadas provas ilícitas por derivação, que são aquelas em si mesmas lícitas, mas produzidas a partir de outra ilegalmente obtida: documento encontrado após invasão de domicílio, interceptação telefônica autorizada pelo juiz com base em documento falso etc. A teoria da árvore envenenada prega que o vício da planta se transmite a todos seus frutos (tem origem na jurisprudência americana). O STF se posiciona no sentido da inadmissibilidade das provas ilícitas por derivação (julgamento do HC 69.912-RS, rel. Min. Sepúlveda Pertence, em 16.12.93). De acordo com Marinoni e Arenhart, 'a teoria da contaminação da prova derivada da ilícita, conhecida como teoria dos frutos da árvore envenenada, somente tem sentido quando a eliminação da segunda prova traz efetividade à tutela dos direitos fundamentais'". (DIDIER JR.; SARNO BRAGA; OLIVEIRA, 2012, p. 39)

adequados para promover o fim, não há outro meio menos restritivo do(s) direito(s) fundamentais afetados?) e o da proporcionalidade em sentido estrito (as vantagens trazidas pela promoção do fim correspondem às desvantagens provocadas pela adoção do meio?). Nesse sentido, a proporcionalidade, como postulado estruturador da aplicação de princípios que concretamente se imbricam em torno de uma relação de causalidade entre um meio e um fim, não possui aplicabilidade irrestrita. Sua aplicação depende de elementos sem os quais não pode ser aplicada. Sem um meio, um fim concreto e uma relação de causalidade entre eles não há aplicabilidade do postulado da proporcionalidade em seu caráter trifásico.[23]

Fica evidente então que existe uma forma correta de aplicação do postulado da proporcionalidade, sempre obedecendo, segundo a lição suprarreferida, um caráter trifásico, em que deverá ser analisada a adequação do meio, a necessidade de sua utilização e a própria proporcionalidade em sentido estrito. Deixar de utilizar esse conjunto de critérios importa em mal utilizar o postulado da proporcionalidade, desvirtuando, assim, a ideia de ponderação de valores.

E, como se trata de tema altamente delicado o da utilização das provas obtidas por meio ilícito, exatamente por se estar relativizando uma norma constitucional e cogitando da utilização de um meio que é claramente antijurídico para que se chegue a uma solução de um feito, é evidente que a ponderação de valores deve ser exercida de forma absolutamente correta, respeitando os critérios postos para que se faça sua correta aplicação.

Para que a prova ilícita seja passível de utilização, necessária a ponderação através do princípio da proporcionalidade, trazendo as nuanças do caso concreto para que se verifique o preenchimento positivo dos três conceitos. De forma diversa, estar-se-á pondo em risco a higidez do ordenamento jurídico. Posto isso, sabendo que existe vedação expressa pela própria Constituição, ainda assim, é possível a utilização da prova obtida por meio ilícito.

2.4. A PROVA COMO DIREITO FUNDAMENTAL E ELEMENTO ESSENCIAL NA BUSCA DA VERDADE REAL (O PROCESSO COMO INSTRUMENTO E ESPAÇO DEMOCRÁTICO DE REALIZAÇÃO DA PROVA)

O debate a respeito de diversos institutos do processo civil e do direito como um todo é uma constância no ordenamento brasileiro. Novas proposições são feitas, novos pensamentos buscam seu espaço, antigas ideias são questionadas.

Isso ocorre inclusive naqueles campos em que há uma aparente consolidação de institutos há muito consagrados, mas que, depois de uma análise mais profunda, percebe-se que já não correspondem às necessidades e às expectati-

---

[23] ÁVILA, Humberto. *Teoria dos princípios*. 13. ed. São Paulo: Malheiros, 2011. p. 183.

FORMAÇÃO DA COISA JULGADA E PROVA PRODUZIDA

vas da sociedade contemporânea e reclamam uma repaginação para que voltem a ser plenamente úteis dentro do sistema.

Naturalmente, esse fato ocorre não apenas no direito, mas nas mais diversas áreas. O direito nada mais é que uma dessas muitas searas em que as mudanças, de tempos em tempos, são necessárias para que ocorra essa adaptação a uma nova forma de viver, aos novos costumes e práticas que sobrepujaram aquelas que outrora se destacavam.

Contudo, o processo civil, fonte de inúmeras controvérsias de como melhor aplicar o direito e seus institutos, permite, por sua própria natureza de viabilizador de realização do direito (além, naturalmente, de ser um espaço democrático de debate), essa necessária evolução.[24]

O conflito é reflexo da própria natureza do ser humano, eternamente insatisfeito com as limitações que lhe são impostas ou com as injustiças que comumente pensa ser vítima. Evidentemente que certas inconformidades são procedentes, outras não.

Todas essas inconformidades não nascem apenas de um desejo de buscar o que se pensa ser justo, mas sim da própria conscientização da alta gama de direitos conferidos pelas normas jurídicas (sejam elas constitucionais ou infraconstitucionais). Há um novo sentimento de busca pela justiça que, ao mesmo tempo em que cria uma sociedade absolutamente intolerante com arbitrariedades, também, cria uma sociedade combativa.[25]

Toda essa combatividade, naturalmente, reflete-se em litigiosidade, haja vista ser o meio adequado para que se solucionem as divergências. Para que se possam aferir quais dessas inconformidades são legítimas e dignas de guarida pela ordem constitucional, quais dessas inconformidades são passíveis de que o Estado utilize de sua força-tarefa para fazer valer o direito alegado, é necessário que os fatos postos sejam cabalmente demonstrados.

---

[24] A própria questão do que é o processo atormenta ainda hoje diversas mentes do direito. A busca pela sua definição e pela identificação do seu real caráter sempre instigam diversos debates. Galeno Lacerda, como forma de ilustração, entendia o processo da seguinte forma: "O processo é um fato social. Consiste, sumariamente, no comparecimento espontâneo ou forçado de determinados indivíduos perante um órgão do Estado, com o duplo fim de obter-se a solução de um conflito de interesses mediante a definição do direito e, em conseqüência, restabelecer-se a harmonia social." (LACERDA, Galeno. *Teoria geral do processo*. Rio de Janeiro: Forense, 2000. p. 3). Se denota, então, que o jurista gaúcho entende o processo, assim como grande parte da doutrina, como instrumento de pacificar e harmonizar as relações sociais. No entanto, evidencia-se, parece, incompleta tal ideia, no momento em que se impõe reconhecer que, pela própria natureza de nosso ordenamento, em vigem noções de um devido processo constitucional, que ele também é um espaço democrático para que as partes possam debater, mediante um terceiro imparcial, as contendas e os direitos que entendem serem titulares.

[25] Interessante referir a ideia de Eduardo Cambi: "Cabe à Constituição estabelecer os fundamentos da teoria da justiça, definindo estruturas as básicas da sociedade, incorporando um projeto emancipatório que não seja indiferente às condições particulares dos excluídos. [...] As Constituições modernas, ao instituírem direitos fundamentais, reconhecem a supercomplexidade da sociedade e assimilam o pluralismo jurídico. Fornecem categorias críticas para a compreensão da sociedade, o que evita a propagação de concepções totalitárias e, por isso, inadequadas à complexidade social contemporânea" (CAMBI, Eduardo. *Neoconstitucionalismo e neoprocessualismo*. São Paulo: Revista dos Tribunais, 2010. p. 25).

E essa demonstração, no mais das vezes, dá-se a partir das provas que as partes aportam no feito, com intuito de melhor demonstrar os seus argumentos e demonstrar o acerto de sua inconformidade e do porquê buscar guarida no Poder Judiciário. E, por outras vezes, contam com a decisão do próprio magistrado em determinar a produção de provas, pois este possui o dever, tanto quanto as partes, de buscar a verdade do processo.

Para que se possa falar em um Estado Democrático de Direito, em um Estado Constitucional, que afasta arbítrios e atos antidemocráticos e, em especial em um processo de acordo com a Constituição Federal, há de se tratar, necessariamente, da supremacia das normas constitucionais[26] e, neste sentido, há também de se falar no direito probatório. Em especial, quando se verifica, cada vez mais, a grande constitucionalização do direito,[27] seja material ou processual. Parece inviável, hoje, dissociar uma ideia da outra. E, fatalmente, a aplicabilidade das normas constitucionais outorga força às normas processuais, existindo uma união entre ambas, aumentando a força das garantias processuais

---

[26] José Joaquim Gomes Canotilho, sobre o Estado de Direito, refere: "Há uma *democracia do Estado de Direito* e um *Estado de Direito democrático*. Daqui se infere já a posição sobre a barganha política que se desenvolve em torno do princípio democrático e da sua superioridade sobre a constituição. Esta visão não é, em geral, um índice de crença no princípio democrático mas uma expressão do pensamento decisionista. Neste sentido se deve interpretar, segundo cremos, a afirmação de HESSE, sobre a *prevalência da constituição*. Ao proibir rupturas constitucionais e a dissolução dos direitos fundamentais e ao restringir as alterações constitucionais, a constituição reafirma a sua supremacia mesmo em face do princípio da soberania popular. O sentido prático deste princípio da prevalência da Constituição traduzir-se-ia, sobretudo, na exclusão de modificações da constituição que eliminassem os seus próprios fundamentos (cfr. Art. 288º). Fora estes casos, o princípio democrático e o princípio do Estado de direito contribuem ambos para a conformação e racionalização da vida da comunidade e são ambos instrumentos contra abusos de poder. O princípio democrático acentuará talvez o *momento dinâmico e conformador*; o princípio do Estado de direito colocará a tônica no momento de permanência e defesa" (GOMES CANOTILHO, José Joaquim. *Direito constitucional*. 6. ed. Lisboa: Almedina, 1993. p. 460).

[27] Sobre a constitucionalização do direito, é de se mencionar a lição de Luis Roberto Barroso: [...] a Constituição passa a ser apenas um sistema em si – com a sua ordem, unidade e harmonia – mas também um modo de olhar e interpretar todos os demais ramos do direito. Esse fenômeno, identificado por alguns autores como *filtragem constitucional*, consiste em que toda a ordem jurídica deve ser lida e apreendida sob a lente da Constituição, de modo a realizar os valores nela consagrados. Como antes já assinalado, a constitucionalização do direito infraconstitucional não tem como sua principal marca a inclusão da Lei Maior de normas próprias de outros domínios, mas, sobretudo, a reinterpretação de sues institutos sob um ótica constitucional. À luz de tais premissas, toda interpretação jurídica é também uma interpretação constitucional. Qualquer operação de realização do Direito envolve a aplicação direta ou indireta da Lei Maior. Aplica-se a Constituição. A) *Diretamente,* quando uma pretensão se fundar em uma norma do próprio texto constitucional. Por exemplo: o pedido de reconhecimento de imunidade tributária (CF, art. 150, VI) ou o pedido de nulidade de uma prova obtida por meio ilícito (CF, art. 5º LVI). B) *indiretamente*, quando uma pretensão se fundar em uma norma infraconstitucional por duas razões: (i) antes de aplicar a norma, o intérprete deverá verificar se ela é compatível com a Constituição, porque, se não for, não deverá fazê-la incidir; esta operação está sempre presente no reciocínio do operador do Direito, ainda que não seja por ele explicitada; (ii) ao aplicar a norma, o intérprete deverá orientar seu sentido e alcance à realização dos fins constitucionais. Em suma: a Constituição figura hoje no centro do sistema jurídico, de onde irradia sua força normativa, dotada de supremacia formal e material. Funciona, assim, não apenas como parâmetro de validade para a ordem infraconstitucional, mas também como vetor de interpretação de todas as normas do sistema. (BARROSO, Luis Roberto. *Curso de direito constitucional contemporâneo*. 3. ed. São Paulo: Saraiva, 2012. p. 387).

constitucionais.[28] E, neste contexto, é que se enquadra a ideia de um direito fundamental à prova.

Não há como dissociar o direito de provar da busca pela verdade processual ou real.[29] Seja para atingir uma ou outra, é necessário que tenham existido elementos que levem o julgador a moldar sua convicção para um lado ou para outro.[30]

Por mais inatingível que pareça a busca pela verdade, essa deve sempre ser o norte a ser seguido pelo juiz, pois, uma vez vista como meta, servirá, ao menos, para que os esforços sejam sempre os maiores possíveis para uma prestação jurisdicional o mais próximo do justo, pois a verdade anda sempre próxima da justiça. Por certo que é objetivo que beira o utópico, quanto a isso não há dúvidas, mas, também, identicamente, é o alvo a ser buscado.[31]

---

[28] De acordo com Eduardo Cambi: "Os direitos fundamentais configuram o *epicentro axiológico* da ordem jurídica, condicionando o exercício da hermenêutica e da produção da norma (*eficácia irradiante dos direitos fundamentais*). Pode-se, pois, apontar como característica marcante do neoconstitucionalismo a *onipresença da Constituição*. Por detrás de uma regra legal, há uma norma constitucional que a confirme ou a contradiga. Isto porque as constituições contemporâneas contêm *denso conteúdo material*, composto por valores, princípios, direitos fundamentais e diretrizes aos poderes públicos e aos entres particulares, sendo difícil conceber um problema jurídico que não encontre alguma resposta no texto constitucional e, em certas situações, até diferentes orientações [...]." (CAMBI, 2010, p. 58-59).

[29] Vale trazer a lição de Cassio Scarpinella Bueno: "A qualidade da prestação jurisdicional, em atenção ao 'modelo constitucional do direito processual civil', não pode tolerar qualquer outro comprometimento do magistrado que não a busca da 'verdade real', que no seu íntimo corresponda àquilo que realmente aconteceu no plano exterior ao processo e, por ter acontecido, acabou por motivar a *necessidade* da atuação do Estado-juiz para prestar tutela jurisdicional." (SCARPINELLA BUENO, v. 2, tomo II, 2007, p. 236).

[30] Como bem refere James Goldschmidt: "Las aportaciones de pruebas son actos de las partes destinados a convencer al juez de la verdad de un hecho afirmado" (GOLDSCHMIDT, James. *Derecho procesal civil*. Trad. Leonardo Prieto Castro. Labor: Barcelona, 1936. p. 253). É de se ressalvar que hoje as provas não são mais apenas atos das partes tendo em vista o amplo poder instrutório do juiz, mas naturalmente não deixa de ser um ato em busca da verdade, aliás, premissa constante em quase todas as doutrinas é a busca pela verdade através das provas.

[31] Vale citar o magistério de Michele Taruffo: "Naturalmente, a verificação da verdade dos fatos que dizem respeito ao caso concreto constitui apenas uma das condições para a justiça da decisão, que para ser justa pressupõe *também* que tenha sido desenvolvido de modo correto e legítimo o processo da qual constitui o resultado final e – obviamente – *também* venha interpretada corretamente a norma que o juiz adota como regra de juízo. Pois, trata-se de condição por si só insuficiente, mas ainda assim necessária para justiça da decisão: se os fatos não vêm apurados de maneira verdadeira, isso basta para que a decisão seja injusta, ainda que o processo tenha se desenvolvido corretamente e a norma de direito tenha sido interpretada de modo válido." TARUFFO. Michele. *Processo Civil Comparado*: ensaios – Verdade e Processo. Trad. Daniel Mitidiero. São Paulo: Marcial Pons, 2013. P. 36. Ainda no que tange sobre a busca da verdade, convém mencionar mais uma das ideias de Taruffo sobre o tema: "é muito mais fácil e *à la Page* compartilhar qualquer forma de ceticismo mais ou menos justificado do que afrontar diretamente o problema da justiça das decisões judiciárias. Esse, no entanto, é o elemento que propriamente consente na realização de uma crítica global às concepções que foram ora recordadas: se a esse não interessa o problema do fundamento fático da decisão judiciário, ou se esse nega que semelhante problema tem sentido e pode ser afrontado seja sobre o plano filosófico geral, seja sobre aquele das concepções da justiça de do processo, então se pode afirmar tranquilamente que esse ceticismo não desperta qualquer interesse para quem ocupa dos problemas de como se pode resolver controvérsias por meio de decisões justas." TARUFFO. Michele. *Processo Civil Comparado*: ensaios – Verdade e Processo. Trad. Daniel Mitidiero. São Paulo: Marcial Pons, 2013. P. 38.

Aliás, é interessante referir o que discorrem Daniel Mitidiero e Carlos Alberto Alvaro de Oliveira:

> O sistema jurídico brasileiro pauta-se pela procura de um máximo possível de aproximação da verdade. Trata-se de pressuposto ético inafastável da conformação de nosso processo justo, já que inexiste possibilidade de decisão justa apartada da verdade das alegações de fato. Daí a afirmação de a prova encontrar-se vinculada funcionalmente à verdade.[32]

Ou seja, a vinculação da prova com a verdade se constitui em elo inquebrantável.[33] E assim deve ser, pois se a busca do processo é a verdade,[34] esta só será alcançada a partir da prova dos fatos. Estes que se converteram na causa existencial da lide. Dos fatos expostos para o juiz, este só poderá apresentar convicção frente aquilo que lhe parece ser justo, se apresentadas provas suficientes para que possa dizer "sim" ou "não" à pretensão deduzida.

Para que possa exercer plenamente sua atividade jurisdicional, cujo escopo, frisa-se, além de pacificar os conflitos presentes na sociedade, é também a busca pela verdade, pela justiça, o magistrado precisa ter elementos suficientes, pois apenas assim sua decisão, seja para que lado for, logrará a legitimação social necessária para que possa pacificar o conflito.

Como inferem Luiz Guilherme Marinoni e Sérgio Cruz Arenhart:

> Nota-se que a ideia (ou o ideal) de verdade no processo exerce verdadeiro papel de controle da atividade do magistrado; é a busca incessante da verdade absoluta que legitima a função judicial e também serve de válvula regulatória de sua atividade, na medida em que a atuação do magistrado somente será legítima dentro dos parâmetros fixados pela verdade por ele reconstruída no processo.[35]

Não obstante a busca pela verdade, seja apenas a meta tida como a ideal, sabe-se, é claro, que o produto final dificilmente será a verdade real (ou absoluta),

---

[32] ALVARO DE OLIVEIRA, Carlos Alberto; MITIDIERO, Daniel. *Curso de processo civil.* 2 ed. São Paulo: Atlas, 2012. v. 2., p. 57.

[33] Importante trazer a lição de Michele Taruffo: "No contexto ético-político que assim se delineia, há sentido em colocar-se o problema sobre a existência do valor da verdade (e eventualmente sobre qual seja ela) no âmbito da administração da justiça. *Prima facie* caberia dizer que tal valor existe e é relevante. Por um lado, a administração da justiça constitui um setor importantíssimo da vida social e da atividade do Estado; desse modo, nessa dever-se-iam encontrar os próprios valores da verdade que constituem (conforme visto recentemente) os critérios constitutivos do correto funcionamento do sistema sociopolítico. Seria, por assim dizer, um tanto paradoxal imaginar um sistema democrático, inspirado no valor da verdade, no qual, entretanto, a administração da justiça não se inspirasse em tal valor, ou mesmo que se fundasse sistematicamente no erro, na mentira e na distorção da verdade". (TARUFFO, Michele. *Uma simples verdade.* Trad. Vitor de Paula Ramos. São Paulo: Marcial Pons, 2012. p. 120-121).

[34] Como referem Sarlet, Marinoni e Mitidiero: "A *verdade* é pressuposto ético do processo justo. Uma das fontes de legitimação da função judiciária é a verdade – *veritas, non auctoritas faci iudicium*. É necessariamente injusta a decisão baseada em *falsa* verificação das alegações de fato no processo. Daí existir uma *relação teleológica* entre prova e verdade – a prova visa à apuração da veracidade das alegações de fato. A verdade é *um problema unitário* – inexiste a possibilidade de separação entre verdade dentro e fora do processo – e pode ser satisfatoriamente definida a partir da ideia de *correspondência*. (SARLET, Ingo Wolfgang; MARINONI, Luiz Guilherme; MITIDIERO, Daniel. *Curso de direito constitucional.* São Paulo: Revista dos Tribunais, 2012. p. 656).

[35] MARINONI; ARENHART, 2005, p. 250.

com a exata reconstrução dos fatos que deram ensejo ao debate, exatamente por se admitir que encontrar a verdade substancial é de remotas chances que se faz essencial mirar sempre o seu alcance.

Perigoso seria se, apenas por improvável, sempre se aceitasse passivamente a impossibilidade de atingir determinada meta, baixando-se, destarte, o padrão de exigência e de qualidade que é tão imperioso, em especial, quando se trata do direito. A busca deve ser sempre pelo mais próximo da verdade real que se puder chegar.

Logo, a busca por este ideal passa pela produção probatória satisfatória. O êxito do processo (como forma de atingir a pacificação do conflito, e não apenas a decisão fria da folha de papel) passa pela elaboração dos elementos probatórios que possam gerar, no íntimo do magistrado e também para as partes, conforto suficiente para que estes, pelo menos, entendam que se decidiu da melhor forma possível, que se possuíam elementos para criar convicção sobre o que foi determinado e que possa justificar de forma minimante aceitável a decisão.

Aceitar o diverso é o mesmo que retornar ao período do sistema de provas da livre convicção, em que o magistrado decidia conforme lhe ditava sua consciência e sua vontade, sem necessidade de qualquer justificação de sua parte perante os litigantes.

Só é possível exercer verdadeira atividade jurisdicional quando, com provas, com elementos, ao julgador é possível criar o convencimento sobre a posição que pretende tomar. Mas isso, por si só, não é nenhuma novidade. É evidente que o juiz só pode criar sua convicção quando possui elementos suficientes para tanto.

O problema se inicia, e será alvo de reflexão mais adiante, quando o juiz, mesmo sem elementos suficientes que possam lhe dar a tranquilidade para formar a convicção necessária para acolher ou não a pretensão do autor, deve exarar uma decisão que será acobertada pela Coisa Julgada material e que irá, inevitavelmente, dar por encerrado um debate e impedir a guarida de um direito sobre o qual não há convicção sobre a existência ou não pela falta de elementos. Contudo, tal aspecto, como referido, será alvo de debate mais adiante.

Em razão da promessa feita ao jurisdicionado pelo Estado-Juiz, a partir do momento que trouxe para si a responsabilidade de dirimir os debates inerentes a uma sociedade organizada, é inaceitável que este receba uma resposta que não enfrenta o conflito e retira o direito de retomar o assunto em momento posterior, vendo o seu direito ter uma atividade jurisdicional completa e satisfatória negado.

Muito em função deste aspecto é que o direito probatório obteve a relevância que hoje ostenta. Não restam dúvidas sobre a importância do tema, ainda mais neste momento especial pelo qual passa o ordenamento brasileiro, quando se vislumbra a chegada de um novo Código de Processo Civil, que traz em seu íntimo uma ligação direta com a Constituição Federal (e diferente não poderia ser!). Ainda que não se encontrasse expressa na Constituição, a fundamentalidade do direito à prova poderia ser extraída por toda interpretação sistemática que deve ser realizada.[36]

Verdadeiramente, parece inviável criar um processo justo e correto sem fornecer um direito pleno à possibilidade de se provar (naturalmente excluídos aqueles casos que tratam de questões unicamente de direito). Vale dizer, o processo justo não é apenas um ideal, mas, sim, um direito inerente ao Estado constitucional em que se vive. Assim como o direito fundamental à prova, o qual é decorrência natural daquele, pois não se pode falar em processo justo sem se respeitar os direitos fundamentais previstos na Constituição Federal, tais como o acesso à justiça, contraditório, motivação, entre tantos outros.

Ademais, como já amplamente consagrado, é tranquila a ideia de que a nossa Carta Magna é uma carta aberta. Isso resta evidente, em especial, da leitura de seu art. 5º, §2º, que claramente aceita a premissa de que podem existir princípios implícitos dentro da própria Constituição. Nesse sentido, a lição de Fredie Didier Jr. a respeito, que parece bem elucidar o debate ao referir que:

> [...] a partir da leitura sistemática e teleológica das máximas e valores constitucionais, encontramos a ela intrínseco o direito fundamental à prova, emanando, mais especificamente "como um desdobramento da garantia constitucional do devido processo legal, ou um aspecto fundamental das garantias processuais da ação, da defesa e do contraditório". Por outro lado, podemos ainda identificá-lo como um direito constitucional implícito, mas externo à Constituição.[37]

---

[36] Perceba-se o que diz José Afonso da Silva: "O art. 5º, XXXV, consagra o direito de invocar a atividade jurisdicional, como direito público subjetivo. Não se assegura aí apenas o direito de agir, o direito de ação. Invocar a jurisdição para a tutela de direito é também direito daquele contra quem se age, contra quem se propõe a ação. Garante-se a plenitude de defesa, agora mais incisivamente assegurada no inc. LV do mesmo artigo: *aos litigantes, em processo judicial e administrativo, e aos acusados em geral são assegurados o contraditório e ampla defesa, com os meios e recursos a ela inerentes.*" AFONSO DA SILVA, José. *Curso de direito constitucional positivo.* 35. ed. São Paulo: Malheiros, 2012. p. 431. Note-se, então, que é assegurada a ampla defesa e o contraditório e todos os meios a ela inerentes. Não é preciso maior esforço para verificar que o direito a produzir provas, tanto para exercer o direito de ação, como para se defender de uma demanda, é inerente à existência destes outros dois direitos mencionados. Assim, a sua fundamentalidade é sim uma decorrência lógica inafastável. Mas válido também referir a ideia de Ingo Sarlet, Luiz Guilherme Marinoni e Daniel Mitidiero: "Nossa Constituição refere que 'são indamissíveis, no processo, as provas obtidas por meios ilícitos' (art. 5º, LVI). Logo em seguida, em atenção específica ao processo penal, assevera que 'ninguém será considerado culpado até o trânsito em julgado da sentença penal condenatória (art. 5º, LVII). A adequada compreensão desses dispositivos leva ao núcleo do direito fundamental à prova no processo. Há direito fundamental à prova no processo. Trata-se de elemento essencial à conformação do direito ao processo justo. O direito à prova impõe que o legislador e o órgão jurisdicional atentem para: (i) existência de relação teleológica entre prova e verdade; (ii) admissibilidade da prova e dos meios de prova; (iii) distribuição adequada do ônus da prova; (iv) momento de produção da prova; e (v) valoração da prova e formação do convencimento judicial." (SARLET; MARINONI; MITIDIERO, 2012, p. 655-656).

[37] DIDIER JR.; SARNO BRAGA; OLIVEIRA, 2012, p. 19.

Ou seja, trata-se de garantia fundamental.[38] Sobre o direito de provar, tema específico deste capítulo, veja-se, por exemplo, o que assevera Chiovenda, o qual entende que provar "significa formar a convicção do juiz sobre a existência ou não de fatos relevantes no processo".[39]

Por sua vez, Rosenberg refere sobre a prova: *"Es decir una actividad que debe fundar el juez ('judici fit probatio') el convencimiento de la verdad o falsedad de una afirmacion".*[40]

Facilmente se percebe porque o direito probatório foi alçado ao *status* de direito fundamental, pois está estritamente ligado com a ideia de poder influenciar a decisão do magistrado, de poder exercer amplamente o seu direito de ação e de se buscar a verdade, porque esta que irá realmente pacificar o conflito. Não fosse o tema de seriedade singular, não teriam os mais renomados juristas emprestado seu tempo e seu conhecimento em busca de melhorar e adequar a teoria das provas a um melhor desenvolvimento do processo

Echandía, a respeito do tema, deixa claro o quão importante é:

> *Las pruebas son asi un instrumento elemental no tanto del processo como del derecho, y no tanto del proceso de conocimiento como del proceso en general: Sin*

---

[38] Sobre o conceito de direito fundamental e sobre a possibilidade de constarem garantias fundamentais implícitas na Constituição, vale trazer a lição de Ingo Sarlet, Luiz Guilherme Marinoni e Daniel Mitidiero: "Afinados com a opção terminológica já feita, numa primeira aproximação conceitual, direitos fundamentais são posições jurídicas reconhecidas e protegidas na perspectiva do direito constitucional interno dos Estados. Nesse sentido, José Joaquim Gomes Canotilho, 'aponta para a especial dignidade e proteção dos direitos num sentido formal e num sentido material.' É neste sentido que se afirma que a nota distintiva da fundamentalidade, em outras palavras, aquilo que qualifica um direito como fundamental, é precisamente a circunstância de que esta fundamentalidade é simultaneamente formal e material. A fundamentalidade formal encontra-se ligada ao direito constitucional positivo, no sentido de um regime jurídico definido a partir da própria constituição, seja de forma expressa, seja de forma implícita, e composto, em especial, pelos seguintes elementos: (a) como parte integrante da Constituição escrita, os direitos fundamentais situam-se no ápice de todo o ordenamento jurídico, gozando da supremacia hierárquica das normas constitucionais; (b) na qualidade de normas constitucionais, encontram-se submetidos aos limites formais (procedimento agravado) e materiais (cláusulas pétreas) da reforma constitucional (art. 60 da CF), muito embora se possa controverter a respeitos dos limites da proteção outorgada pelo Constituinte, aspecto desenvolvido no capítulo sobre o poder de reforma constitucional; (c) além disso, as normas de direitos fundamentais são diretamente aplicáveis e vinculam de forma imediata as entidades públicas e, mediante as necessárias ressalvas e ajustes, também os atores privados (art. 5°, § 1°, da CF), o que igualmente será aprofundado mais adiante. [...] A *fundamentalidade material (ou em sentido material)*, por sua vez, implica análise do conteúdo dos direitos, isto é, da circunstância do conterem, ou não, decisões fundamentais sobre a estrutura do Estado e da sociedade, de modo especial, porém, no que diz com a posição nestes ocupada pela pessoa humana. É, portanto, evidente que uma conceituação meramente formal, no sentido de serem direitos fundamentais aqueles que como tais foram reconhecidos na Constituição, revela sua insuficiência também para o caso brasileiro, uma vez que a Constituição Federal, como já referido e previsto no art. 5°, § 2°, admite expressamente a existência de outros direitos fundamentais que não os integrantes do catálogo (Título II da CF), com ou sem assento na Constituição, além da circunstância de que tal conceituação estritamente formal nada revela sobre o conteúdo (isto é, a matéria propriamente dita) dos direitos fundamentais." (SARLET; MARINONI; MITIDIERO, 2012, p. 267-268).

[39] CHIOVENDA, Giuseppe. *Instituições de direito processual civil*. 2. ed. Campinas: Bookseller, 2000. v. III, p. 109.

[40] ROSENBERG, Leo. *Derecho procesal civil*. Trad. Santiago Sentís Melendo. 28 ed. Buenos Aires: EJEA, 1955. Tomo II, p. 200.

ellas, en el noventa y nueve por ciento de las veces, el derecho no podria alcanzar su finalidad.[41]

Denota-se, de tal afirmação, que a prova constitui peça de fundamental relevância para a realização do direito e da justiça. A prova é mais do que um meio para se chegar ao convencimento do julgador. Com sua utilização se confere à prestação jurisdicional do Estado uma legitimação social. Por meio da utilização da prova é que tanto o juiz como as partes podem ter uma maior tranquilidade para emitir seu juízo de valor e também para compreender a decisão.[42]

Naturalmente que com a evolução da ciência jurídica, o direito de provar foi alçado ao patamar de direito fundamental, como um corolário lógico do contraditório. Todavia, diferente do que pode se imaginar, o direito fundamental à prova não se constitui unicamente ao direito de produzir a prova, mas também de participar da produção da prova, direito de manifestar-se sobre a prova que foi produzida, direito de avaliação pelo julgador da prova que foi produzida.[43]

Isso porque do momento em que se logra viabilizar a noção de que o processo é, também, além de um espaço democrático, um instrumento para realização de direitos fundamentais, reconhece-se que o direito probatório é, identicamente, um direito fundamental.[44]

Mormente porque resta inviável a busca por qualquer solução, passível de aceitação das partes sem que o juiz tome uma decisão baseado unicamente em sua livre convicção, salvo exceções que ainda possuem lugar absolutamente específico no ordenamento pátrio (Tribunal do Júri, p. ex.). O tempo das arbitrariedades há muito já não impera, tendo dado espaço a uma democratização do direito e, em especial, do processo.

---

[41] ECHANDÍA, Hernando Devis. *Compendio de la Prueba Judicial*. 5. ed. Buenos Aires: Victor P. de Zavalia, 1981. Tomo I, p. 14.

[42] Mitidiero e Alvaro sobre o tema: "Constitui elemento indispensável do direito fundamental ao processo justo o direito fundamental à prova. O perfil constitucional da prova no processo civil brasileiro envolve o direito à tutela jurisdicional (art. 5º inciso XXXV, CRFB), o direito à paridade de armas (art. 5º, inciso I, CRFB), o direito ao contraditório (art. 5º, inciso LV, CRFB), o direito à publicidade e o dever de motivação das decisões judiciais (art. 93, inciso IX, CRFB)." (ALVARO DE OLIVEIRA; MITIDIERO, 2012, p.55)

[43] Isto é o que afirma Fredie Didir Jr., quando refere que o direito à prova tem conteúdo complexo: "O direito fundamental à prova tem conteúdo complexo. Ele compõe-s das seguintes situações jurídicas: a) o direito de produzir provas; b) o direito de participar da produção da prova; c) o direito de manifestar-se sobre a prova produzida; d) o direito ao exame, pelo órgão julgador, da prova produzida" (DIDIER JR.; SARNO BRAGA; OLIVEIRA, 2012, p. 18).

[44] Neste sentido, é válido mencionar a lição de Mitidiero e Alvaro de Oliveira: "Constitui elemento indispensável do direito fundamental ao processo justo o direito fundamental à prova. O perfil constitucional da prova no processo civil brasileiro envolve o direito à tutela jurisdicional (art. 5º, inciso XXXV, CRFB), o direito à paridade de armas (art. 5º, inciso I, CRFB), o direito ao contraditório (art. 5º, inciso LV, CRFB), o direito à publicidade e o dever de motivação das decisões judiciais (art. 93, inciso IX, CRFB)." (ALVARO DE OLIVEIRA; MITIDIERO, 2012, p. 55).

Assim, para que exista uma legitimação social do pronunciamento judicial com caráter decisório, este deve estar alicerçado nas evidências levadas ao feito, seja pelas partes, seja pelo próprio juízo.[45] E, como forma de reconhecimento de que a resolução do feito não é apenas de interesse das partes, foi conferido ao juiz poderes instrutórios[46] para que este possa também ir em busca da solução que venha a pacificar o conflito existente na sociedade, conflito este que não é de interesse de ninguém, seja das partes envolvidas, seja do Estado que exerce a atividade jurisdicional através do Poder Judiciário.

Logo, não demanda maior empenho para concluir qual o relevo que a prova possui no direito brasileiro. Trata-se de instituto essencial para a manutenção do Estado Democrático de Direito, impedindo, em virtude da sua essência, a tomada de decisões arbitrárias ou não fundamentadas, em desacordo com o Estado Constitucional.

Pontes de Miranda leciona neste sentido:

> A prova refere-se a fatos; portanto: a elementos do suporte fáctico, ao suporte fáctico e aos fatos jurídicos que de suportes fáctico resultam. Direitos, pretensões, ações e exceções são efeitos de fatos jurídicos; é preciso que se provem os fatos jurídicos para que se tenham por existentes, no tempo e no espaço, esses efeitos.[47]

Em que pese ser um sistema em constante evolução, o ordenamento brasileiro confere especial importância ao instituto das provas precisamente por entender e efetivamente vislumbrar a sua proeminência para a manutenção de uma sociedade equânime, pelo menos no âmbito processual. Tanto é assim que se confere a possibilidade para todos os envolvidos no processo (partes e juiz) requererem e produzirem provas, com propósito de esclarecer ao máximo os fatos postos em debate com intuito de, assim, diminuir consideravelmente a existência de equívocos nas decisões judiciais.

Echandía possui passagem que vai ao encontro do referido:

---

[45] Moacyr Amaral Santos tem passagem elucidativa sobre o referido: "A verdade sobre o fato precisa aparecer para que um direito possa realizar-se ou tornar-se efetivo. Mas verdade em sua máxima expressão, determinada pela prova, sem o que estaria burlada a segurança oferecida pelo Estado aos indivíduos, seus componentes. Se a verdade pudesse ser resultante das impressões pessoais do julgador, sem atenção aos meios que a apresentam no processo, a justiça seria o arbítrio e o direito a manifestação despótica da vontade do encarregado pelo Estado de distribuí-lo." (AMARAL SANTOS, Moacyr. *Prova judiciária no cível e no comercial*. São Paulo: Saraiva, 1983. v. I, p. 6-7).

[46] Sobre os poderes instrutórios do juiz, é de se mencionar José Roberto dos Santos Bedaque: "Em última análise, o amplo acesso aos meios de prova constitui corolário natural dos direitos de ação e de defesa. Para que o processo possibilite real acesso à ordem jurídica justa, necessária a garantia de produção da prova, cujo titular é, em princípio, a parte, mas não exclusivamente ela, pois ao juiz, como sujeito interessado no contraditório efetivo e equilibrado e na justiça das decisões, também assiste o poder de determinas as provas necessárias à formação de seu convencimento. A iniciativa probatória do juiz é elemento indissociável da efetividade do processo." (SANTOS BEDAQUE, José Roberto dos. *Poderes Instrutórios do Juiz*. 3. ed. São Paulo: Revista dos Tribunais, 2001, p. 21-22).

[47] PONTES DE MIRANDA, Francisco Cavalcanti. *Tratado de direito privado*. 4. ed. São Paulo: Revista dos Tribunais, Tomo III, p. 405.

Sin la prueba estaríamos expuestos a la irreparable violación del derecho por los demás, y el Estado no podría ejercer su función jurisdicional para amparar la armonía social y restablecer el orden jurídico. Graficamente expresa esse concepto el viejo adágio: tanto vale no tener um derecho, cuanto no poder probarlo. Es decir, la administración de justicia sería imposible sin la prueba, lo mismo que la prevención de los litígios y de los ilícitos penales; no existiria orden jurídico alguno.[48]

Como se denota, Echandía não imagina a possibilidade de existir algum tipo de justiça sem a existência da produção de provas. Vai mais fundo: afirma que, sem a prova, a violação de direitos seria inevitável e que nada poderia o Estado fazer a respeito, estando impedido de exercer sua função jurisdicional.[49]

Fica evidenciado mais uma vez que não há como exercer justiça sem a possibilidade de produção de provas no processo (vale dizer, mais uma vez, naqueles casos em que existirem fatos a serem provados, o que, por si, excluem os casos em que se discute unicamente o direito). Parece livre de dúvidas tal conclusão.

Há muito que se debate sobre o direito probatório e não há como negar sua importância para a realização do direito,[50] como uma ciência que busca, ao fim e ao cabo, não apenas a solução de conflitos, mas sim a justiça. Seja um conceito hoje ultrapassado, seja atual, denota-se que provar é permitir que a parte logre exercer seu direito fundamental de influenciar na convicção do juízo.

Em um verdadeiro Estado constitucional, só se fala em processo justo quando se permite que as partes exerçam seus direitos de forma ampla, sem restrições. Resta evidente, mais uma vez, que a prova exerce função essencial. Hoje, já não há como negar o caráter de direito fundamental, ainda mais em uma interpretação sistemática, à luz da Constituição Federal.

Visto ser o direito probatório um canal viabilizador para a efetiva realização do direito, não há como deixar de reconhecer que as provas se constituem em um dos pilares do processo, em especial, do processo constitucional, que respeita os direitos fundamentais e que é altamente democrático.

2.5. O ÔNUS DA PROVA E A IDEIA DE COLABORAÇÃO NO PROCESSO CIVIL

Uma vez estabelecido que o processo é, entre outras funções, também uma forma de alcançar o tão sonhado amplo respeito às garantias fundamen-

---

[48] ECHANDÍA, 1981, p.13-14.

[49] Destaca-se que a opinião emitida por Echandía desconsidera aquelas hipóteses em que se trata apenas de questões de direito, em que não é necessária qualquer produção probatória para a solução do feito.

[50] A lição de Ovídio é sempre de grande valia: "Se todo direito, como fenômeno social, existe nos fatos sobre os quais eventualmente se controverte, compreende-se a importância para o processualista do domínio seguro dos princípios e dos segredos do direito probatório" (BAPTISTA DA SILVA, 2000, p. 339).

tais estabelecidas constitucionalmente e que hoje possuem ligação direta com a ciência processual, e que, estabelecido igualmente que o direito probatório se configura em um direito identicamente fundamental, impõe-se uma referência, mesmo que breve, à noção que vem ganhando força na processualística moderna, qual seja, a ideia de colaboração.[51]

Esta concepção de colaboração no processo e para o processo ganha energia e surge como força motriz, inclusive, do projeto de novo CPC, o qual se encontra próximo de sua aprovação final, para posterior entrada em vigor. Parece inegável que, ao se tratar da colaboração como decorrência lógica, é preciso abordar diretamente o direito probatório e nas novas concepções que se vem construindo acerca deste instituto.

O processo deixou de ser exclusivamente preocupação e interesse das partes. Tal ideia não se sustenta. A caminhada, hodiernamente, prima pela busca da verdade (seja a verdade processual como defendem alguns ou substancial como defendem outros), pela solução judicial eficiente cujo interesse transcende às partes, envolvendo também o interesse estatal em dirimir os conflitos e pacificá-los de forma definitiva.[52]

---

[51] É de se destacar, sobre a ideia de colaboração, a lição de Fredie Didier Jr.: "A transformação do processo em uma 'comunidade de trabalho', estado de coisas que o princípio da cooperação busca promover, é fim que se deve buscar inclusive por meios atípicos, desde que conformes ao sistema jurídico. A inexistência de regras que delimitam e/ou esclareçam o conteúdo do princípio da cooperação não é obstáculo intransponível para a efetivação desse mesmo princípio. Se não há regras expressas que, por exemplo, imputem ao órgão jurisdicional o dever de manter-se coerente com os seus próprios comportamentos, protegendo as partes contra eventual *venire contra factum proprium* do órgão julgador, o princípio da cooperação garantirá a imputação desta situação jurídica passiva. Ao *integrar* o sistema jurídico, o princípio da cooperação garante o meio (imputação de uma situação jurídica passiva) necessário à obtenção do fim almejado (o processo cooperativo)." DIDIER JR, Fredie. *Fundamentos do Princípio da Cooperação no Direito Processual Civil Português*. Coimbra: Coimbra Editora, 2010. p. 51-52.

[52] Como destaca Antonio do Passo Cabral: "As plurais funções do princípio do contraditório não se esgotam na sua compreensão como direito de influência ou direito de informação-reação. Como efeito, a participação não só visa a garantir que cada um possa influenciar a decisão, mas também tem uma finalidade de colaboração com o exercício do poder jurisdicional. Dinamarco afirma que 1º juiz exerce a jurisdição com a colaboração das partes' e esse esquema dialógico legitima e aprimora as decisões judiciais. Neste sentido, Mitidiero fala da 'multifuncionalidade' do contraditório moderno, que também posiciona a garantia no papel central de assegurar o contexto de cooperação no processo. Se não imaginássemos a prática de atos processuais inserida em qualquer contexto colaborativo, o formalismo e a influência tornar-se-iam concepções axiologicamente vazias, ao contrário do sentido de reorientação proposto pelo movimento do formalismo-valorativo. As formas não visam a regrar padrões de conduta avaloratorios, orientados apenas por interesses inescrupulosos, num quadro que poderia ser denominado de 'egoísmo ordenado' (geordneter Egoismus), ou 'guerra regrada' (geregelter Prozesskrieg). O próprio paradigma científico atual da cognição judicial atualmente favorece o desenvolvimento dessa ideia. A perspectiva intersubjetiva da descoberta da decisão, imersa em pressupostos argumentativos, impede que a participação dos sujeitos do processo seja reflexo de monólogos em paralelo, favorecendo, ao contrário, a busca cooperativa da solução correta. Se não podemos imaginar a produção da decisão como um trabalho exclusivo do juiz, pensamento típico do esquema sujeito-objeto da investigação científica, todo o procedimento passa a ser estruturado para transformar-se num vetor de integração comunicativa de seus personagens." PASSO CABRAL, Antonio do. *Nulidades no Processo Moderno*. Rio de Janeiro: Forense, 2009. p. 215-216.

De acordo com este viés, sendo o processo de interesse igualmente do Estado, tendo a solução da demanda relevância de interesse público,[53] é natural e esperado que este passe a ter maior participação dentro do processo, em especial, através daquele que é investido de poder para dar a solução no caso concreto.[54]

O magistrado exerce hoje papel diverso do outrora concebido. Deixou de ser um mero espectador para ser um ator ativo na lide. Se abandou a ideia do "dai-me o fato que dou-te o direito". E como ator participativo, precisa que os demais integrantes do processo colaborem com ele, para que possa dar uma solução que traga de volta a paz, pelo menos, em relação àquele litígio.

A ideia de colaboração, bem da verdade, vai para além daqueles que estão diretamente relacionados ao feito. Aquele que possuir subsídios (provas) que possam alimentar o Poder Judiciário para que dê solução apropriada tem o dever (colaboração) de entregá-las ao processo, para que seja objeto de análise e de um juízo de valor. Nesse sentido, expressam Marinoni e Arenhart seu pensamento, nos seguintes termos:

> Qualquer pessoa que possa trazer elementos capazes de influenciar a decisão judicial tem o dever de aportá-los ao processo. Além disso, a parte e o terceiro – interessado ou não – estão submetidos ao poder judicial instrutório. Têm, em outras palavras, dever "passivo" de colaboração.[55]

Então, tendo claro este novo modelo, segundo o qual, a ideia de colaboração vai além das partes diretamente envolvidas no feito, há um caminho natural para se falar em ônus da prova. A compreensão mais tradicional sobre

---

[53] Conforme leciona Daniel Mitidiero: "Não por acaso, considerada doutrina já alude mesmo à existência de um verdadeiro 'Estado Constitucional Cooperativo', Diferentemente do Estado Legislativo, de Oitocentos, do qual se esperava apenas abstenção para realização dos direitos fundamentais de liberdade entendido praticamente como uma espécie de inimigo-público número um espera-se do Estado Constitucional não só abstenções, quando devidas, mas também prestações que viabilizem o alcance de todos os fins inerentes à pessoa humana – o que, em termos processuais, significa organizar um processo justo – de formalismo cooperativo – e muito especialmente idôneo para prestação de tutela jurisdicional adequada, efetiva e tempestiva aos direitos. Essas características imprimidas pela sociedade no Estado através da Constituição evidentemente acabam repercutindo na posição ocupada pelo juiz no processo. O juiz do processo cooperativo é um juiz isonômico na condução do processo e assimétrico no quando da decisão das questões processuais e materiais da causa. Desempenha duplo papel, pois, ocupa dupla posição: paritário no diálogo, assimétrico na decisão. Visa-se alcançar, com isso, um 'ponto de equilíbrio' na organização do formalismo processual, conformando-o como uma verdadeira 'comunidade de trabalho' entre as pessoas do juízo. A cooperação converte-se em prioridade no processo." MITIDIERO, Daniel. *Colaboração no Porcesso Civil – Pressupostos sociais lógicos e éticos.* São Paulo: Revista dos Tribunais, 2011. P. 80-81.

[54] Como refere Couture, a prova é um meio para verificação das proposições das partes. a lição é dada pelo jurista e vale a referência: "Los hechos y los actos jurídicos son objeto de afirmación o negación en el proceso. Pero como el juez es normalmente ajeno a esos hechos sobre los cuales debe pronunciarse, no puede pasar por las simples manifestaciones de las partes, y debe disponer de médios para verificar la exactitud de esas proposiciones. Es menester comprobar la verdad o falsedad de ellas, con el objeto de formarse convicción a su respeto. Tomada en su sentido procesal la prueba es, en consecuencia, un medio de veirificación de las proposiciones que los litigantes formulan en el juicio." (COUTURE, 1977, p. 217).

[55] MARINONI, Luiz Guilherme; ARENHART, Sergio Cruz. *Provas.* São Paulo: Revista dos Tribunais, 2011. p. 158.

o ônus probatório e de como este deveria ser distribuído teve importância ímpar. Contudo, o que se verifica é que não é mais totalmente compatível com as mais modernas concepções de processo justo, nem se perfaz suficiente para responder satisfatoriamente às necessidades da sociedade.

A título de ilustração, Cassio Scarpinella Bueno bem explica a concepção da palavra ônus, em espacial, no contexto probatório:

> O "ônus da prova" deve ser entendido como a indicação feita pela própria lei de quem deve produzir a prova em juízo. A palavra "ônus" relaciona-se com a necessidade da prática de um ato para a assunção de uma específica posição de vantagem própria ao longo do processo e, na hipótese oposta, que haverá muito provavelmente, um prejuízo para aquele que não praticou o ato ou o praticou insuficientemente.[56]

O amadurecimento do direito e do processo é ininterrupto, desse modo, almejando sua adaptação às necessidades que hoje se tentam sanar. Artur Carpes descreve essa noção de adaptação do processo a novas necessidades, em especial, a ideia de colaboração processual:

> Tal ambiente cooperativo justifica-se principalmente "pela complexidade da vida atual", mormente porque "a interpretação da regula iuris, no mundo moderno, só pode nascer de uma compreensão integrada entre o sujeito e a norma, geralmente não unívoca, com forte carga de subjetividade". Somente através de um processo cooperativo, baseado essencialmente no diálogo, é que se poderá alcançar a decisão justa. Afinal de contra, no processo, assim como para a vida, o pensamento monolítico entorpece.[57]

Destarte, "a complexidade da vida" leva o direito e, por conseguinte, o processo a constantemente evoluírem.

Inevitável mencionar, mesmo que brevemente, sobre a distribuição do ônus da prova.[58] A ideia consagrada no CPC de 1973 parece hoje não se adequar completamente às mais modernas concepções sobre o tema. O art. 333, apesar de ainda cumprir papel fundamental na ordem jurídica, não mais supre as necessidades contemporâneas, razão pela qual se debate, constantemente, uma maneira de equalizar a distribuição do ônus da prova para com a ideia de processo colaborativo.

Segundo o CPC ainda em vigor, resta assim distribuído o ônus da prova entre as partes:

---

[56] SCARPINELLA BUENO, 2007, tomo II, p. 246.

[57] CARPES, Artur. *Ônus dinâmico da prova*. Porto Alegre: Livraria do Advogado, 2010. p. 63-64.

[58] Vale mencionar Luiz Guilherme Marinoni e Sergio Cruz Arenhart: "Partindo-se das premissas já estabelecidas, é possível dizer que a prova não tem por objeto a reconstrução dos fatos que servirão de supedâneo para a incidência da regra jurídica abstrata que deverá (em se concretizando na sentença) reger o caso concreto. Descartada essa possibilidade, torna-se necessário buscar a finalidade da prova à luz das idéias contemporâneas sobre o conhecimento. Da pequena incursão feita sobre alguns avanços na teoria do conhecimento pode-se extrair que a função da prova é se prestar como peça de argumentação no diálogo judicial, elemento de convencimento do Estado-jurisdição sobre qual das partes deverá ser beneficiada com a proteção jurídica do órgão estatal." (MARINONI; ARENHART, 2011, p. 53).

Art. 333. O ônus da prova incumbe:

I – ao autor, quanto ao fato constitutivo do seu direito

II – ao réu, quando à existência de fato impeditivo, modificativo ou extintivo do autor.

Em uma breve leitura do artigo, fica claro de como é (ou era) distribuído o ônus da prova no processo. O autor deve trazer os elementos que demonstram a existência do seu direito (fatos constitutivos) e que legitimam a sua demanda; e o réu, por sua vez, precisa demonstrar os fatos que impedem, modificam ou extinguem o direito do autor.

Não está a defender-se que se trata de uma ideia equivocada, longe disso. Apenas esta ideia não mais se amolda à evolução da ciência processual, que tomou novos caminhos pelos quais geraram conclusões importantes a respeito do tema. Trata-se, aliás, de concepção absolutamente razoável a ideia lançada na codificação de 1973, afinal, em princípio e em um raciocínio breve, efetivamente não faria qualquer sentido impor ao autor fatos que impedissem a realização do seu direito, ou ao réu a ideia de provar o fato constitutivo do direito do autor.

Durante largo período, tal entendimento foi consagrado tanto por doutrina como pela jurisprudência. Todavia, também não se pode deixar de perceber que se trata de uma noção simplificada feita pelo legislador, o que, longe de ser uma crítica, é, muitas vezes, a escolha natural e correta. Contudo, como se percebe, já não há espaço para se compreender de forma tão simples a distribuição do ônus da prova. Isso em razão da natural complexidade que atingiu a ciência processual. Esta simplificação, especificamente, já não mais corresponde às expectativas da comunidade jurídica, nem da sociedade como um todo, pelo menos em determinadas ocasiões.

Claro que a opção do legislador de 1973 foi por prestigiar a igualdade formal entre as partes, assim, privilegiando a isonomia processual. No entanto, ao mesmo tempo em que buscou evitar uma arbitrariedade na distribuição do ônus da prova, recaiu em outra, pois impôs ao autor a prova de determinado fato; e, ao réu, a contraprova, sem qualquer flexibilidade nem consideração da realidade do caso concreto.

Hoje, no entanto, o que se entende por tratamento isonômico entre as partes certamente já não coincide com aquele de quando foi elaborado o CPC ainda em vigor. O que verdadeiramente se observa é uma união entre processo e Constituição. E esta leitura do Código de Processo à luz da Constituição gerou a necessidade de um novo juízo crítico sobre institutos que se encontravam consolidados no sistema.

Note-se o que diz Artur Carpes no que tange ao tema:

> A distribuição do ônus da prova, na condição técnica processual destinada à estruturação da atividade probatória das partes, e de regra de julgamento, para o caso de impossibilidade na formação da convicção judicial diante das provas colhidas no

FORMAÇÃO DA COISA JULGADA E PROVA PRODUZIDA

processo, não pode deixar de estar ajustada ao sistema normativo em que está inserida.

Especialmente no que toca à organização do procedimento, vigora o princípio da adequação, cuja ideia central postula a "necessidade de se emprestar maior efetividade possível ao direito processual no desempenho de sua tarefa básica de realização do direito material". A distribuição do ônus da prova, como aspecto fundamental do direito probatório, obviamente não pode deixar de estar conformada à Constituição, devendo exercer suas funções em consonância com os direitos fundamentais e aos princípios constitucionais de justiça. Dessa forma, é possível imaginar que nem sempre o arquétipo descrito na lei para a distribuição dos ônus probatórios será válido, na medida em que, à luz do caso concreto, poderá a disposição estar violando direitos fundamentais processuais, e, por via de consequência, indo de encontro à sua função de instrumento para a pacificação e realização da justiça.

À luz da lição mencionada, fala-se na teoria da dinamização do ônus da prova. Teoria essa que busca, na verdade, uma adequação deste instituto frente à Constituição.

Isso porque, hoje, mais importante que a mera igualdade formal, consagrada no art. 333 do CPC, fala-se em um tratamento isonômico de acordo com as condições apresentadas pelas partes para a produção das provas.

2.6. A DINAMIZAÇÃO DO ÔNUS DA PROVA E O PROJETO DE UM NOVO CÓDIGO DE PROCESSO CIVIL

Assim, diante do exposto, verifica-se que existe uma alteração na concepção do que seria a adequada distribuição do ônus da prova. A própria criação do CDC, que permitiu uma inversão total do ônus da prova já havia rompido com o sistema tradicional. No entanto, a dinamização do ônus da prova em nada se confunde com a inversão, constante no CDC. Além de ser um conceito mais complexo e elaborado, trata a ideia de proporcionalização do ônus, e não o mero transporte do ônus de uma parte para a outra, como em uma simplificação até, de certa forma, rudimentar.

A dinamização proposta tem gênese na doutrina e vem logrando buscar seu espaço, naturalmente, auferindo mais adeptos e grande aceitação entre os juristas especializados. O projeto de CPC adotou a teoria da dinamização com claro intuito de renovar a forma de distribuição do ônus probatório. Com o fito de ilustrar o referido, reproduz-se a redação constante no art. 357 do do projeto saído do Senado Federal:

O ônus da prova, ressalvados os poderes do juiz, incumbe:

I – ao autor, quanto ao fato constitutivo do direito;

II – ao réu, quanto à existência de fato impeditivo, modificativo ou extintivo do direito do autor.

O art. 357 (constante no projeto), como se percebe de sua leitura, não suprime a ideia tradicional de distribuição do ônus probatório entre as partes, pois não é, como já referido, de todo desatualizada. Todavia, ao ressalvar os poderes do juiz, assim o fez por uma razão muito específica, que se percebe na sequência dos artigos seguintes e que será elucidado adiante.

Ao autor, seguindo a já consagrada ideia de distribuição do ônus, ainda é conferido o ônus de provar os fatos constitutivos do direito que alega ser titular. Por sua vez, o réu continua com o ônus de demonstrar a existência de fato impeditivo, modificativo ou extintivo do direito do autor. A alteração, no entanto, reside na verdadeira e efetiva possibilidade de mitigação do ônus que se atribui a cada parte, que apenas a verificação do caso em particular permitirá determinar a proporção do ônus para cada parte.

É certo que também não há razão para uma quebra por completo com o sistema tradicional de distribuição do ônus da prova. Em verdade, mostra-se absolutamente razoável a manutenção parcial deste entendimento porque, de fato, existe uma lógica inegável em impor ao autor, que busca, em juízo, o reconhecimento de um direito que prove aquilo que alega. Igualmente, a mesma lógica se aplica ao réu no exercício de sua defesa. A simples contraposição da alegação do autor, a mera negativa, não necessariamente será suficiente para evitar uma eventual procedência da demanda. Por isso, ainda se manteve com o réu o dever de provar os fatos modificativos, impeditivos e extintivos do direito do autor.

Não obstante a existência de uma lógica na manutenção em parte do sistema, a evolução do processo, saudável e necessária, que se falou no começo do presente trabalho é percebida, facilmente, ao restarem ressalvados os poderes do juiz, que, como ator ativo no processo, terá o poder de iniciativa e de melhor conduzir o processo, em especial, no desenvolvimento probatório do feito. Assim, foi conferida a capacidade ao juiz de intervir quando entender adequado, com intuito de cuidar pelo melhor desenvolvimento do processo, assim como pela celeridade e colaboração inerentes à ideia de um novo processo civil.

Igualmente, com a leitura sistemática de um futuro Código (que ainda é passível de alteração, mas que já demonstra quais são seus objetivos), resta claro que a ressalva feita no art. 357 é uma evidente preparação para aquilo que está previsto no art. 358, segundo o qual:

> Art. 358. Considerando as circunstâncias da causa e as peculiaridades do fato a ser provado, o juiz poderá, em decisão fundamentada, observado o contraditório, distribuir de modo diverso o ônus da prova, impondo-o à parte que estiver em melhores condições de produzi-la.

Se anteriormente apenas se tinha uma introdução ao tema no novo Código, aqui resta, de forma explícita, a consagração da teoria da dinamização da prova. Ao afirmar que, observando o contraditório, poderá o magistrado distribuir de modo diverso o ônus da prova, o legislador deixa claro que busca um balanceamento para melhor adequar as necessidades das partes.

Identicamente, fica evidenciada a busca por uma maior atividade judicial, sobretudo na administração do processo em busca de uma melhor solução judicial, especialmente da colaboração das partes para com o juiz.

Nesta senda, afere-se, de toda a interpretação da teoria da dinamização das provas, que há a busca por um necessário equilíbrio processual, mas não um equilíbrio formal como hoje preconizado pelo CPC, mas sim um equilíbrio de acordo com as condições das partes de produzir as provas.

Dependendo das condições das partes, é que se determinará a distribuição do ônus probatório. No caso de uma das partes possuir efetivamente melhores condições de provar determinados fatos, o ônus será balanceado de forma diferente, conferindo maior responsabilidade àquele que estiver em situação privilegiada quanto à possibilidade probatória.

Verifica-se que repetidamente se consagra a tentativa de permitir uma melhor solução judicial, inclusive relativizando normas que já há muito estavam consagradas. Isso para permitir sempre uma melhor atividade jurisdicional, que permita ao juiz ter mais elementos para criar sua convicção, que lhe dê a possibilidade de chegar o mais próximo da verdade possível, desse modo, solucionando um conflito e pacificando-o de forma justa, objetivo final e essência da criação do processo judicial.

De nada adianta criarem-se teorias se, ao final, não é possível conferir ao magistrado a tranquilidade de que possui elementos para decidir de acordo com a convicção que formou através dos elementos trazidos ao feito e também ao jurisdicionado, verdadeiro destinatário final de todo o aparato judiciário, que busca lhe dar uma definição a respeito da existência ou não do direito alegado.

Mesmo que, aparentemente, exista um contraste de certa forma chocante num cotejo com a realidade do CPC ainda em vigor, constitui-se, verdadeiramente, a utilização da teoria da dinamização do ônus da prova, na tentativa de equilibrar "o jogo", para que a disputa processual ultrapasse a mera igualdade formal e aproxime-se de uma efetiva realização de um processo democrático e justo.

Evidentemente, e de acordo com a ordem constitucional, necessariamente, sob pena de invalidar o seu comando, o juiz deverá fundamentar as razões pelas quais entendeu pela distribuição desta ou daquela forma do *onus probandi*. Mas isso nada mais é do que o mínimo esperado, pois arbitrariedades não se toleram.

E naturalmente que não poderá ser imposto à parte um ônus maior do que pode suportar, recair-se-ia, sob tal hipótese, em uma inversão que não é o propósito final da teoria do ônus dinâmico da prova, pois beneficiaria em demasia uma das partes e oneraria na mesma proporção a outra.

Além dos critérios para inversão do ônus da prova inscritos no próprio art. 358, a redação do art. 359 (ambos futuro CPC) também trata da inversão quando menciona a impossibilidade de se exercer tal faculdade. Ou seja, quando a prova recair sobre direito indisponível da parte, recalibrar o ônus da prova será inviável.

Esta nova percepção de um ônus probatório dinâmico se torna ainda mais coerente no momento em que se verifica a necessária existência de um diálogo entre partes e juiz, em que cada um busca a defesa de seus interesses, mas de acordo com uma noção de proporcionalidade e na busca da demonstração da pertinência de sua tese e da descoberta da verdade.

A lógica de aplicação e que funciona como própria justificativa para o uso da dinamização do ônus da prova fica mais evidente quando se fala em ônus subjetivo e ônus objetivo.[59] O primeiro entendendo-se como uma imposição às partes, indicando o que deve ser provado. Por sua vez, o segundo dirigido especificamente ao magistrado, sendo uma verdadeira regra de julgamento, indicando ao juiz como deverá decidir a lide.

E por uma parte do ônus recair exclusivamente ao juiz (ônus objetivo), sendo uma regra de julgamento, é que parece acertado conferir a este a possibilidade de ter maior poder na distribuição do *onus probandi*, escapando (com as ressalvas já pontuadas) da noção clássica de que ao autor cabe provar o fato constitutivo de seu direito; e, ao réu, o fato impeditivo, modificativo ou extintivo do direito do autor.

Não se está, como podem pensar alguns, conferindo maior complexidade ao instituto. Está-se, sim, reconhecendo a sua importância e adaptando-o às novas ideias de processo justo e colaborativo. Atualmente, a imposição arbitrária da lei do ônus probatório já não encontra lugar em um processo que prima pela justiça e almeja sempre uma relação de igualdade muito além da formalidade prescrita em lei, quando a imposição do conceito clássico da distribuição do ônus probatório impedir o efetivo acesso à justiça.

---

[59] Aqui se impõe citar Fredie Didier Jr. sobre o tema: "Ônus é encargo atribuído à parte e jamais uma obrigação. Ônus, segundo GOLDCHIMIDT, são imperativos do próprio interesse, ou seja, encargos sem cujo desempenho o sujeito se põe em *situações de desvantagem* perante o direito. Afirma-se que, em um primeiro sentido, o ônus é uma regra de conduta dirigida às partes, que indica quais os fatos que cada uma incumbe provar. Este seria o chamado *ônus subjetivo* (ou formal, segundo BARBOSA MOREIRA). Sucede que é possível que as provas produzidas sejam insuficientes para revelar o ocorrido. Mesmo sem prova, porém, impõe-se ao juiz o dever de julgar – afinal, vedado é o *non liquet*. Daí dizer-se que, em um segundo sentido, o ônus da prova é uma regra dirigida ao juiz (uma *regra de julgamento*, portanto), que indica como ele deverá julgar acaso não encontre a prova dos fatos; que indica qual das partes deverá suportar os riscos advindos do mau êxito na atividade probatória, amargando uma decisão desfavorável. Tal seria o *ônus da prova objetivo* (ou *material*, segundo BARBOSA MOREIRA)." (DIDIER JR.; SARNO BRAGA; OLIVEIRA, 2012, p. 72-73).

2.7. A IMPORTÂNCIA DA PROVA NA FUNDAMENTAÇÃO DA SENTENÇA DE MÉRITO

2.7.1. Sentença: compreensão do instituto

Em virtude de o tema das provas já ter sido introduzido, faz-se necessário correlacionar este fundamental instituto do direito com outro instituto cuja relevância é também eloquente. São dois institutos que estão umbilicalmente ligados, pois um sem o outro perde muito de sua razão de ser, bem como de sua própria utilidade.

A sentença, que é o alvo-fim do jurisdicionado quando ingressa em juízo, é elemento essencial na composição do conflito frente à sociedade. Isso porque será ela que irá dizer o direito para o caso concreto, podendo, por suas características, pacificar o conflito estabelecido.[60]

Não restam quaisquer dúvidas sobre a importância conferida ao instituto da sentença no direito brasileiro. Afinal, é por ela que é reconhecida ou não a pretensão posta à apreciação do Poder Judiciário. Ainda que se saiba que a sentença não necessariamente encerra o processo (mesmo que conte com aptidão para tanto), não há dúvidas de que nessa se efetiva parte essencial para o feito e esta é, em realidade, além de um ato lógico, um ato de vontade.

Quanto a isso, nenhuma novidade. É ideia já consagrada na doutrina há largo período de tempo. É lógico porque segue um caminho que leva a um desenrolar natural, em especial, aquela que analisa o mérito, em que existe um cotejo valorativo entre duas ou mais argumentações divergentes que, fatalmente, levam o magistrado a uma conclusão em que se analisam todos os fatos e os direitos alegados. É, da mesma forma, de vontade porque o Estado, através de seu porta voz, o magistrado, quer impor (e assim o faz) que aquilo que se decidiu seja obedecido, que o direito posto seja observado.[61]

---

[60] Como leciona José Rogério Cruz e Tucci sobre a sentença: "Trata-se, como é notório, de labor intelectivo, em princípio, 'e no qual se consubstancia a estrutura lógica do importante ato decisório'. Todavia, ao decidir uma causa, o juiz jamais poderá apegar-se a regras exclusivamente lógicas, mas, ao revés, deverá ter conhecimento da prevalência de seu juízo crítico na busca da verdade, para fazer realizar, plenamente, a justiça. Com efeito, o ato decisório de mérito é de ser considerado como uma operação complexa, integrada por questionamentos de ordem racional, histórica e crítica que se entrecruzam nas sucessivas etapas de sua elaboração." (CRUZ E TUCCI, José Rogério. *A motivação da sentença no processo civil*. São Paulo: Saraiva, 1987. p. 8).

[61] Neste sentido, está a clássica doutrina de Gabriel Rezende Filho, que além de ser favorável ao referido, ainda traz consigo um arcabouço da mais qualificada doutrina europeia que sustenta a sua posição. Vale fazer a referência daquilo que cita: "Modernamente, porém, sustentam outros processualistas que a sentença, como ato do órgão jurisdicional, não tem valor enquanto é apenas juízo lógico: A argumentação, ainda que perfeita, não basta em si mesma para dar à sentença a autoridade que lhe é característica. De seu aspecto lógico, a sentença não tem mais força que um simples parecer proferido sobre a questão por um particular. Além do elemento lógico, há na sentença o elemento volitivo, que a caracteriza e lhe imprime força obrigatória. A sentença, em suma, é, ao mesmo tempo, uma operação de inteligência e um ato de vontade. É a doutrina de Chiovenda, Calamandrei, Carnelutti, Redenti, Betti, Menestrina, Bullow, Unger e outros" (REZENDE FILHO, Gabriel. *Direito processual civil*. 2. ed. São Paulo: Saraiva, 1951. v. III, p. 17).

Isso porque a sentença de mérito é, sem qualquer dúvida, lei entre as partes. O direito dito para o caso particular que obriga o jurisdicionado ao seu cumprimento e obediência. Por sua vez, as próprias fases processuais seguintes, mesmo se trabalhando, hoje, com a noção perfeitamente clara de um processo sincrético, apenas podem vir a existir após a prolação da sentença. É o caso das fases recursais e de cumprimento de sentença, que só se fazem presentes e realizam-se pela existência da sentença elaborada pelo magistrado.

O debate a respeito do conceito de sentença não é novo. Muito antes pelo contrário. Tal discussão remete aos primórdios do direito romano quando já se debatia o que seria efetivamente este instituto tão caro ao direito. Ainda assim, não há de se mencionar um conceito satisfatório do instituto.[62] Superado o conceito originalmente existente no chamado Código Buzaid, como o ato que põe fim ao processo, também, não satisfaz o sentido que pela reforma elaborada no código mencionado foi introduzida, como sendo esta o ato que se enquadra em uma das hipóteses constantes dos arts. 267 e 269.[63]

Não há a pretensão de se conceituar definitivamente a sentença neste trabalho, pois não é este seu objetivo, mas ainda assim é de se anotar que os conceitos apresentados pela doutrina na atualidade, *maxima venia,* não satisfazem por completo o propósito do instituto. E isso não sem razão. Quando se intenciona conceituar sentença, é preciso se ter a perfeita noção de qual sentença se está a referir. A doutrina, já há certo tempo, basicamente, concordou com a ideia da existência de dois tipos de sentença, no que tange ao gênero. Seriam elas as definitivas e as terminativas.

Na doutrina clássica italiana, como em Liebman, são denominadas de definitivas ou não definitivas.[64] Othmar Jauernig, por sua vez, entende que as sen-

---

[62] Como exemplo, vale trazer a lição de Liebman, cujos ensinamentos inspiraram a confecção do atual Código de Processo: "Conceitualmente, a sentença é, através da história, o ato jurisdicional por excelência, ou seja, aquele em que se exprime da maneira mais característica a essência da jurisdictio: o ato de julgar. A palavra sententia, que em si mesma quer dizer apenas opinião ou parecer, passou a indicar, em sentido técnico, o ato final do processo, mediante o qual o juiz formula o seu juízo. A sentença torna-se, assim, ato de autoridade, dotado de eficácia vinculativa, contendo a formulação da vontade normativa do Estado para o caso submetido a julgamento". (LIEBMAN, Enrico Tullio. *Manual de direito processual civil.* Tradução: Cândido Rangel Dinamarco. 2. ed. Rio de Janeiro: Forense, 1985. v. I, p. 242).

[63] Vale trazer os escritos de Mitidiero e Alvaro de Oliveira: "No Código Buzaid, conceituava-se sentença como o ato do órgão judicial que, examinando ou não o mérito da causa, punha fim ao processo. As decisões interlocutórias, por oposição, constituíam os pronunciamentos judiciais que resolviam as questões incidentais no curso do processo. Dizia a doutrina de então que a separação entre a sentença e a decisão interlocutória baseava-se num critério topológico ou topográfico, isto é, o momento em que ocorria a decisão ao longo do procedimento era capaz de definir a sua categoria. A passagem do Código Buzaid ao Código Reformado alterou esse panorama. O art. 162, § 1º, na sua redação atual, refere que 'sentença é o ato do juiz que implica alguma das situações previstas nos arts. 267 e 269 desta lei'. Isso quer dizer que atualmente a distinção entre as decisões interlocutórias e as sentenças não se assenta mais no critério topológico. Sentença é o ato do juiz que decide de forma irrevogável as matérias constantes dos arts. 267 e 269. O momento ou a altura do procedimento em que a decisão é tomada é irrelevante para sua conceituação" (ALVARO DE OLIVEIRA; MITIDIERO, 2012, p. 142).

[64] Conforme a lição de Liebman: "a sentença pode ser definitiva ou não-definitiva. É definitiva a sentença que define o juízo (art. 279, 2ª parte), ou seja, a que conclui o processo, exaure-o, ao menos naquela ins-

tenças se dividem em sentenças de fundo e de forma.[65] Conforme se verifica, a variação terminológica é mínima, estando, até o momento, livre de maiores debates no que tange a esse ponto específico.

Por óbvio que existe uma ideia geral básica aceitável que confere a todo e qualquer estudioso do tema uma noção do que seria efetivamente a sentença, contudo, não há, pode-se afirmar, um conceito que venha exaurir ou que seja incontestável sobre o que efetivamente representa a ideia de sentença.

Posto isso, a realidade é que a sentença tem uma função social muito clara, ou seja, dirimir os conflitos através da atuação judicial. Dizer o direito para o caso concreto, estabelecer uma solução para conflitos[66] (excluídas, naturalmente, as sentenças homologatórias, pois nessas já não existe mais conflito). Função a qual se confunde com a própria essência do Judiciário, distribuindo justiça (pelo menos formalmente) e solucionando os conflitos (outra vez, pelo menos em tese).

Mesmo que se saiba que necessariamente dizer o direito não significa resolver completamente o conflito material, ou que será julgado adequadamente, ainda assim, pelo menos, se está a oferecer uma solução concreta e palpável ao jurisdicionado, dessa forma, indo ao encontro da ideia de tentar encontrar uma solução mais próxima possível à noção de justiça para a divergência existente entre as partes. Nesse sentido, vale anotar, mais do que cumprir uma função social essencial, a sentença que pacifica o conflito entregando aos litigantes uma solução de direito, respeita o direito fundamental de acesso efetivo à justiça.

Não respeita apenas o acesso interpretado apenas como o direito de petição, papel que a própria sentença terminativa ao extinguir o processo concede aqueles que recorrem ao Poder Judiciário, mas o acesso em que o jurisdicionado vê debatido e analisado pelo Estado aquilo que entende ser seu.

É apenas nessa hipótese, de examinar efetivamente a demanda, considerar os seus fundamentos, analisar as teses existentes, observar o direito alegado e chegar a uma conclusão acolhendo ou não uma das teses postas que o Estado

---

tância; ela terá por objeto ou o mérito, quando o decidir totalmente, ou uma questão preliminar, quando a decidir negando a constituição regular do processo ou a existência da ação e, portanto, a admissibilidade do julgamento do mérito (sentença absolutória do processo). A sentença definitiva é, por isso, a sentença final do procedimento de primeiro grau (e, depois, da apelação, etc), ou ao menos daquela sua fase que se desenvolveu perante determinado órgão jurisdicional.Não definitiva é a sentença que não põe fim ao processo, de modo que este deverá continuar depois da sua prolação (cfr. Art. 279, 2ª parte, nº 4); através dela, o juiz decide uma parte da matéria controvertida, que pode dizer respeito tanto ao mérito quanto às questões preliminares." (LIEBMAN, 1985, p. 242-243).

[65] Conforme o jurista alemão "tem de distinguir-se entre sentenças de fundo e sentenças de forma, conforme seu objecto. As primeiras declaram a acção procedente ou improcedente. As últimas decidem apenas sobre questões processuais" (JAUERNIG, Othmar. *Direito processual civil.* Trad. F. Silveira Ramos. 25. ed. Lisboa: Almedina, 2002. p. 308).

[66] Excepciona-se a esta assertiva a sentença homologatória, própria do procedimento de jurisdição voluntária, vez que neste não há conflito e, ainda assim, existe sentença que homologa os interesses postos à apreciação.

estará fazendo jus ao dever que assumiu quando vedou a resolução de conflitos pela autotutela.

Do momento em que o Estado suprimiu o direito de autotutela, ao mesmo tempo se auto-obrigou a fornecer um serviço que viesse a solucionar as divergências tão naturais a existência humana. Claro que se abdica da ingênua ideia de que a sentença irá satisfazer o vencido, pura e simplesmente, mas como já aludido, irá pelo menos dar solução para o conflito, irá trazer o direito do mundo do dever-ser para o mundo real do ser. Retira a norma de sua abstração para lhe dar efetiva aplicação. Transporta o direito (material, que é aquele verdadeiramente debatido na demanda) do papel dos códigos e leis para um mundo real e concreto.

Igualmente, o direito à prestação jurisdicional adequada e efetiva possui caráter de norma fundamental prevista na Constituição Federal. E prestação jurisdicional efetiva, no sentido de solucionar o conflito material, existe apenas quando se confere solução, não apenas ao processo, mas, também, à controvérsia como um todo, quando existe o acolhimento ou rejeição de uma pretensão com base na análise do que foi posto pelas partes, com base no conflito material que dá ensejo à propositura da ação.

Neste sentido, a única forma com que o Estado logrará se desincumbir de seu dever de entrega da prestação jurisdicional a quem é credor ocorre com a prolação do comando sentencial que determina uma solução, mas impõe mencionando o direito aplicável. Destarte, naturalmente, a sentença acaba assumindo um compromisso inarredável com a questão de fundo da demanda, pois, apenas assim, é que estará cumprindo com o efetivo dever de dizer o direito que entende adequado para o caso concreto.

Tanto autor quanto réu têm o direito de saber quem possui razão, quem é titular do direito fonte do conflito. E a sentença tem, em tese, o dever de fazê-lo, de solucionar, ao menos por hipótese, o desentendimento. Evidentemente que devem ser dados elementos para que o Estado-Juiz possa exercer a sua função de acordo com o que é esperado.

Daí sua relevância para a sociedade. O juiz, ao proferir o comando judicial, está conferindo ao cidadão a legitimação social para que faça valer suas alegações e o direito pelo qual veio buscar guarida. Essa legitimação social é que, além do poder estatal, dará força ao comando judicial e permitirá que seus efeitos ultrapassem a mera formalidade de uma decisão judicial, porém que efetivamente traga paz ao conflito outrora instaurado.

2.7.2. A sentença, a prova e a motivação

Para que a sentença tenha força e possa satisfazer suas próprias necessidades, qual seja, de apresentar uma fundamentação, pois requisito de validade e, também, reconhecendo que se vive em um sistema de persuasão racional, esta deve possuir um arcabouço de fundamentos que lhe permita ir para este ou aquele caminho.

Percebe-se que a motivação da sentença caminha junto ao sistema da persuasão racional, pois ambos possuem o mesmo escopo, qual seja, evitar as decisões arbitrárias que poderiam existir se predominasse o sistema da livre apreciação, ou ainda, evitar também que o juiz seja um mero aplicador burocrático do direito, sem qualquer autonomia para raciocinar sobre o direito e o que foi provado, dessa maneira, intencionando uma solução mais justa, como poderia ocorrer se existisse a predominância do sistema de prova legal.

Não é à toa que fica evidenciada a importância das provas para a confecção da sentença de mérito. Isso porque é através daquilo que foi provado no processo (tanto para demonstrar como para rechaçar uma posição) que o magistrado poderá dar suporte e fundamentar a posição que está adotando, assim, justificando-se perante não só as partes, mas perante a própria sociedade.

Estará exercendo sua função de intérprete da lei e dos fatos provados e, ao mesmo tempo, também, trabalhará com os fatos devidamente provados para que possa fornecer a solução judicial almejada pelos demandantes.

A sentença é um ato lógico, uma conclusão da tese e da antítese. E essa conclusão só é possível com a análise das provas produzidas no feito. Inclusive é o que se deduz da lição de Couture:

> *La sentencia es en si misma um juicio; una operación de carácter crítico. El juez elige entre la tesis del actor y la del demandado (o eventualmente una tercera) la solución que le parece ajustada al derecho y a la justicia. Esa labor se desenvuelve a través de un proceso intelectual cuyas etapas pueden irse aislando separadamente y al que la doctrina llama formación o génesis lógica de la sentencia.*

O caráter crítico da sentença necessita de suporte probatório para que possa ser exercido de acordo com as ideias concebidas pela Constituição Federal, que exigem a motivação para que o comando sentencial possa ser considerado válido e eficaz. Ou seja, percebe-se claramente que, além de ser um ato lógico, por seguir passos naturais decorrentes um do outro, é também um ato de inteligência do juízo, que trabalha com os fatos e com o direito, dessa maneira, buscando da exegese da lei, dos fatos provados, a melhor adequação do caso ao ordenamento jurídico.

Não fossem as provas elementos essenciais para a produção de uma sentença válida, não seriam cada vez mais ampliados os poderes instrutórios do juiz.[67] Isso ocorre porque se reconhece que o processo, além do interesse das

---

[67] Moreira discorre sobre os poderes instrutórios do juiz: "Entretanto, o mais valioso instrumento 'corretivo', para o juiz, consiste sem dúvida na possibilidade de adotar *ex officio* iniciativas relacionadas com a instrução do feito. Os poderes instrutórios, a bem dizer, devem reputar-se inerentes à função do órgão judicial, que, ao exercê-los, não se substitui às partes, como leva a supor uma visão distorcida do fenômeno. Mas é inquestionável que o uso hábil e diligente de tais poderes, na medida em que logre iluminar aspectos da

partes, é também de interesse do Estado, como já referido. Realizar um bom julgamento, enfrentando os pontos diretamente e oferecendo uma resposta às partes é que se constitui na verdadeira atividade jurisdicional para a qual foi preparado o membro do Poder Judiciário. Assim, não faria qualquer sentido privá-lo de poderes instrutórios na administração do processo, pois é tão interessado quanto as partes em ver todas as alegações esclarecidas e comprovadas.[68] Portanto, o juiz, como administrador do processo, tem o dever de buscar a verdade, buscar elementos quando entende que as partes não lhe conferiram o suficiente para que possa dar seu juízo de valor na sentença.

Como bem refere Moacyr Amaral Santos:

> O dever do juiz é dizer, é investigar na busca da verdade. Para isso se acha munido de poderes extensos, concedidos pelo Estado, e encontra auxiliares nos próprios litigantes, que estão no dever de fornecer-lhes os meios de investigação. Exatamente porque "o dever do juiz é obter todas as provas de parte a parte, da melhor forma possível, compará-las e decidir segundo a sua força probante", nunca deixa de ser acertada a proposição de Bentham, que por si só resume a importância do assunto: "a arte do processo não é senão a arte de administrar as provas".[69]

A referência a Bentham é absolutamente pertinente para os fins aqui buscados. Isso porque a verdade presente na frase elaborada pelo jurista inglês é inegável. Para a sentença estar de acordo com o que dela se espera, ou seja, dizer o direito para o caso concreto, é necessário que esta se apoie em elementos probatórios, pois só assim poderá ser adequadamente fundamentada; e vale fazer novamente a advertência de que aqueles casos em que se trata de questões unicamente de direito, não há razão para este debate. Aqui, vislumbra-se apenas as hipóteses em que é necessária a comprovação de alegações de fato.

Os elementos formais essenciais da sentença se constituem no relatório, na fundamentação e no dispositivo. Tanto no relatório como na fundamentação, a sentença deverá abordar o fato controverso, gerador da lide, e também,

---

situação fática, até então deixados na sombra pode deficiência da atuação deste ou daquele litigante, contribui, do ponto de vista prático, para suprir inferioridades ligadas à carência de recursos e de informações, ou à dificuldade de obter o patrocínio de advogados mais capazes e experientes. Ressalta, com isso, a importância social do ponto." (BARBOSA MOREIRA, José Carlos. *Temas de direito processual*: terceira série. São Paulo: Saraiva, 1984. p. 52-53).

[68] Mais uma vez é de se mencionar Barbosa Moreira: "Em matéria de instrução, prevalece igualmente nas leis contemporâneas a tendência a confiar papel ativo ao juiz, deferindo-lhe ampla iniciativa na verificação dos fatos relevantes para a solução do litígio, tal como submetido a sua cognição, isto é, nos limites do pedido e da causa de pedir. Nada mais natural: é intuitivo, em linha de princípio, que um bom julgamento descansa na correta aplicação da norma a fatos reconstituídos com a maior exatidão possível; e julgar bem é preocupação que não pode ser estranha ao órgão judicial. Nessa perspectiva, ao contrário do que insinuam certas fórmulas tradicionais, recusar-lhe a possibilidade de comprovar espontaneamente os fatos parece tão pouco razoável, afinal de contas, quanto negar-lhe a de procurar por si mesmo a norma aplicável: o conhecimento daquele não lhe é menos necessário que o desta para cumprir sua função essencial de modo satisfatório". (BARBOSA MOREIRA, José Carlos. *Temas de direito processual:* quarta série. São Paulo: Saraiva, 1989. p. 47).

[69] AMARAL SANTOS, 1983, p. 7.

inevitavelmente, as provas produzidas pelas partes ou por si determinadas para que possa fundamentar sua decisão.

A motivação, como elemento essencial da sentença, responde a uma exigência constitucional prevista no art. 93, IX, da Carta Federal, em que está estabelecida a necessidade de fundamentação de toda decisão judicial. A busca pela verdade processual (mais próxima da verdade real possível) faz com que as provas confiram a legitimação necessária para que toda e qualquer decisão judicial possa surtir efeitos.[70]

A ideia de Fredie Didier deixa bem evidente a vinculação da análise da prova com a fundamentação da sentença:

> Não havendo questões processuais a resolver, ou tendo apreciado e rejeitado aquelas que se apresentaram, deve o magistrado passar à analise dos fundamentos de fato da demanda e da defesa, bem como das provas produzidas no processo por iniciativa das partes ou do próprio julgador. Analisar questão de fato é, sobretudo, analisar as provas aportadas ao processo.[71]

Ou seja, fica evidente que a sentença de mérito possui uma ligação indissociável das provas produzidas no processo, pois estas serão os elementos dos quais o magistrado se utilizará para poder determinar o "sim" ou o "não" na demanda. Através das provas é que sua decisão adquirirá a legitimação social necessária para que possa surtir os efeitos que dela se espera e é pelas provas produzidas que se chegará o mais próximo da verdade possível.[72]

É unicamente através da motivação, com fundamento nas provas produzidas, que a sociedade e as partes poderão perceber que não houve arbitrariedade e que houve um raciocínio lógico para que se tenha chegado em determinada decisão.[73] A correção desta pode ser discutida, sem dúvida, contudo, não poderá ser denominada de arbitrária se fundamentada com base nas provas produzidas, as quais o magistrado é livre para apreciar, sem, contudo, ser livre

---

[70] Mais uma vez necessário destacar que a hipótese do trabalho não abarca questões que tratam unicamente de matéria de direito, mas sim apenas aquelas em que devem ser provados fatos.

[71] DIDIER JR.; SARNO BRAGA; OLIVEIRA, 2012, p. 291.

[72] Moacyr Amaral Santos refere: "Assim, o Código de Processo Civil vigente resguardou a tradição jurídica pátria no tocante à matéria, dispondo no já transcrito art. 458 que a sentença conterá 'os fundamentos, em que o juiz analisará as questões de fato e de direito'. Dês que a sentença deverá conter os fundamentos de fato é que deverá apreciar os fatos e as suas provas. O fato litigioso, exposto no relatório, será visto, na fundamentação, segundo a prova que dele se fez. Aqui, o juiz, aplicando a liberdade que lhe concede o art. 131, do mesmo Código, de apreciar livremente 'os fatos e circunstâncias constantes do processo, ainda que não alegados pelas partes', dirá, em face das provas, as razões do seu convencimento, satisfazendo, por essa forma, o imperativo preceito desse dispositivo. Quer dizer que a prova colhida no processo terá na sentença a crítica judiciária. Não será a crítica de prova por prova; não será O exame de cada meio de prova produzido; mas será a justificação das razões que levaram o juiz a dar eficácia a estas ou àquelas fontes probatórias, nas quais assentou a convicção a respeito do fato controvertido". (AMARAL SANTOS, 1983, p. 479).

[73] Moacyr Amaral Santos, neste sentido, infere: "Ora, se, como é certo, a motivação da convicção visa a evidenciar que o juiz não se excedeu no uso do poder que a lei lhe atribui no apreciar das provas." (AMARAL SANTOS, 1983, p. 482).

para decidir da forma como bem entender, devendo justificar suficientemente a sua posição.

Com a utilização das provas na fundamentação, é possível compreender a convicção do magistrado e criar as próprias convicções que determinarão as atitudes das partes no decorrer do processo, assim, restando claro que as provas exercem papel fundamental na motivação da sentença, sendo elemento irrenunciável desta.

3. Sobre a formação da coisa julgada no processo coletivo e no processo individual

3.1. ASPECTOS INTRODUTÓRIOS: AS AÇÕES COLETIVAS

Mesmo que seja custoso afirmar, o direito – mas não apenas este – e sim a sociedade como um todo, vive uma crise. Isso porque cada vez mais existe um conhecimento maior sobre os direitos, cada vez mais se ampliam a gama de direitos existentes, entretanto a aparelhagem para suprir e viabilizar o exercício desses direitos não acompanha o crescimento que ocorre em progressão geométrica.[74]

A realidade social, invariavelmente, caminha mais rápido que as soluções legislativas são oferecidas. Mas, ainda que as soluções legislativas andassem exatamente no mesmo passo que as evoluções sociais, mesmo assim, a defasagem é inevitável, visto que a aparelhagem estatal não possui capacidade para absorver tamanha demanda.

Não por outra razão que se discutem todos os dias formas de como garantir a todos o acesso a direitos que é tão caro à sociedade pós-moderna. Não

---

[74] Neste sentido, é de se referir a lição de Elaine Harzheim Macedo sobre a crise vivida pelo direito: "O direito está em crise. O próprio Estado de Direito está em crise. Os movimentos de releituras, de reconstrução, de desvelamento de institutos, atingem as nações e os ordenamentos jurídicos do planeta, praticamente podendo se afirmar que não há espaço que não esteja sendo objeto de debate, não só no âmbito jurídico, como na própria organização política da sociedade como um todo. É nesse universo maior, que se propõe a (re)discutir alguns institutos processuais, pois o processo, como uma unidade, está a exigir uma reordenação do pensamento jurídico." (HARZHEIM MACEDO, Elaine. A sentença no processo coletivo e o conflito ambiental. In: BERIZONCE, Roberto O.; ROSA TESHEINER, José Maria; KRÜGER THAMAY, Rennan Faria (Coords). *Los procesos colectivos*: Argentina y Brasil. Buenos Aires: Cathedra Juridica, 2012. p. 221).

Na mesma obra, vale mencionar Juan Carlos Hitters: "La explición producida por la expansión de las sociedades industriales modernas ha hecho bacer e forma vertiginosa *un nuevo derecho* – tanto sustancial como procesal – que debió salir al cruce a novedosas situaciones que la era 'tecnotrónica' puso en primera plana, obligando a 'repensar' varias instituciones y principios, como por ejemplo la extensión de la responsabilidad civil, la legitimación, *los alcances de la cosa juzgada*, el postulado de la congruência, etc., que tuvieron origen en la concepción ultra individualista del siglo decimonómico." (HITTERS, Juan Carlos. Alcance de la cosa juzgada en los procesos colectivos. In: BERIZONCE, Roberto O.; ROSA TESHEINER, José Maria; KRÜGER THAMAY, Rennan Faria. *Los procesos colectivos*: Argentina y Brasil. Buenos Aires: Cathedra Juridica, 2012. p. 168).

é por menos que diuturnamente os ordenamentos são postos em xeque pelos cientistas jurídicos, sempre com intuito de lançá-los a um novo patamar que possa trazer verdadeira efetividade e proteção para os jurisdicionados.

Neste viés é que se encontra o grande desenvolvimento do chamado processo coletivo. Surge como alternativa para as grandes demandas sociais hoje existentes, mas que, igualmente, precisa se adaptar a um sistema processual que não foi desenhado para sua existência, causando, destarte, inevitavelmente, uma série de debates pertinentes quanto a sua adaptação ao ordenamento hoje vigente.[75]

A adaptação de institutos foi uma premissa básica para sua viabilização e hoje, pode-se começar a discutir as evoluções que o processo coletivo trouxe,

---

[75] Sobre o tema, válida a visão dada por Elaine Harzheim Macedo e Fernanda Macedo, que bem analisam o processo e constante e crescente existência de conflitos., separando em três ordens diferentes as categorias de conflito: "Os conflitos de interesses que justificam a existência do processo são conflitos que têm por fundamento os fatos da vida, do cotidiano, mas a doutrina processual predominante insiste em ignorar essa obviedade, direcionando todos os esforços e investimentos para o mundo do direito, o mundo das normas, o mundo das ficções jurídicas. Sintomático que os últimos anos nos oferecem três ordens de conflitos, presente a necessidade de agrupá-los a partir de um enfoque mínimo, que não por acaso, se assenta na ideia da pessoa(a Constituição pátria está assentada na pessoa humana, quando acolhe em seu art. 1º a dignidade da pessoa humana como vetor principal de seu texto). Está se falando do conflito individual, do conflito coletivo e do conflito repetitivo. O conflito individual carrega em seu gênese uma tradição milenar de enfrentamento, tanto no direito material como no direito processual. Aliás, como visto alhures, a legislação processual brasileira, aí se incluindo a proposta do "novo" Código de Processo Civil, está basicamente voltada a solver a relação processual que se instaura a partir do conflito individual, ainda que presente a inversão do tratamento: com raras exceções, os institutos são constituídos independentemente do direito material e da diversidade que os conflitos insertos nesse espaço podem carregar. Já o próprio tratamento das pessoas é transportado por conceitos vagos e imprecisos: partes e/ou sujeitos processuais interessados. O conflito coletivo continua sendo enfrentado, basicamente, pela ação civil pública, reforçada por algumas regras do Código de Defesa do Consumidor, não logrando a comunidade jurídica e, via de consequência, o próprio Legislativo na atualização de sua regulamentação, especialmente no que diz com a sentença e suas eficácias. Serve-se de institutos próprios do processo voltado a compor os conflitos individuais, em menor cuidado: legitimidade de partes, ativas e passivas, sentença, coisa julgada. O conflito repetitivo passou a ser objeto de regras esparsas, introduzidas no CPC, e no todo remanescente se alimentando das disposições que regem o conflito individual. A exemplo, os artigos. 285-A; 557, caput e seu § 1º-A, 543-B e 543-C, do CPC. Quanto ao PLS n. 166/2010, que cuida do novo CPC, nenhuma novidade significativa se oferta com exceção, talvez, do incidente de uniformização dos recursos repetitivos, de duvidosa legitimidade, na medida em que concentra a condução, a instrução e a decisão nos tribunais e em seus órgãos especiais, numa verdadeira inversão da atividade jurisdicional, deixando à deriva a jurisdição de primeiro grau. Dessa forma, propõe-se pensar na reordenação do pensamento jurídico, com o quê há de se comprometer toda a coletividade jurídica e, porque não, abrir o debate também para outros segmentos, isso porque os legisladores, os operadores do direito, as Instituições de Ensino e os pesquisadores, sejam professores, sejam alunos, não detêm, com exclusividade, a legitimação para debate de tal magnitude. É preciso, também, que o jurisdicionado participe dessa grande empreitada. A proposta de um novo pensar o direito e o processo reside no fato de que esta ciência continua sendo apenas demonstrativa, ao invés de ser compreensiva, em que a construção inicial baseia-se na dialética.Se o processo serve à composição dos conflitos, nada mais adequado que se parta dos conflitos para construir o devido processo legal e não o inverso como vem sendo sucessivamente praticado. Tem-se a consciência que a adoção dessa orientação implica uma verdadeira revolução do pensamento da processualística brasileira, mas também se tem a convicção de que a comunidade jurídica está madura para dar os primeiros passos, no mínimo, na abertura desse debate, essencialmente democrático." (HARZHEIM MACEDO, Elaine; SANTOS MACEDO, Fernanda dos. *O direito processual civil e a pós-modernidade*. Disponível em: <http://www.professoraelaine.com.br/index.php/artigos/40-o-direito-processual-civil-e-a-pos-modernidade>. Acesso em: 09 mar. 2014).

talvez, possam ser importadas para o processo individual por melhor se amoldar as ideias constitucionais que hoje predominam em nosso sistema jurídico.

Antes que se ingresse na ideia central do capítulo (a Coisa Julgada nas ações coletivas e depois a Coisa Julgada do processe individual), para que se possa estabelecer verdadeiro cotejo e, desse modo, perceber as diferenças latentes entre uma e outra, é importante referir algumas breves anotações atinentes ao processo coletivo e sua origem para viabilizar melhor compreensão de onde surge e do porquê o tratamento diferenciado que se confere a este ramo do direito processual.

Isso porque há de se reconhecer que, para a aplicação de um sistema de tutela de direito de ordem coletiva, existe a necessidade de adaptação de diversos institutos presentes no ordenamento processual brasileiro. E isso se dá, principalmente, porque, na gênese, o sistema processual pátrio foi pensado essencialmente para a resolução de conflitos de caráter individual.

Quando da construção do Código de Processo Civil de 1973, pouco ainda se comentava no tocante à tutela de direitos coletivos, dando azo, então, a esse problema que se estabeleceu em que alguns institutos (sendo a Coisa Julgada um deles!), da maneira em que foram concebidos, não se adaptavam à forma de aplicação dos direitos coletivos e de sua tutela. Este fato levou, naturalmente, a uma necessária reconstrução, mesmo que parcial, da compreensão de certos institutos, para que fossem compatíveis com a tutela coletiva.[76]

Não constitui qualquer novidade afirmar que se vive hoje a era da multiplicidade dos direitos e também da massificação dos direitos e da massificação no exercício destes direitos. Destarte, como forma inclusive de viabilizar a atividade judicial protetiva do cidadão e aos seus direitos constitucionais, garantir o acesso à justiça e à concretização de direitos, tornou-se premente o desenvolvimento de meios que permitissem a tutela de direitos coletivos.

Hoje, já tão difundida (e necessária) é a ideia de proteção aos direitos coletivos que já existe um verdadeiro microssistema processual coletivo, constituído por diversas leis que tutelam, de uma forma ou de outra, direitos coletivos.[77] Inclusive houve projeto de lei para instituir um Código de Processos Coletivos que, contudo, foi rejeitado pela Câmara dos Deputados, em 2010, além de juristas brasileiros, como Ada Pellegrini Grinover, Kazuo Watanabe

---

[76] Vale trazer a referência de Daniel Amorim Assumpção Neves: "A tutela jurisdicional coletiva, portanto, nada mais é que um conjunto de normas processuais diferenciadas (espécie de tutela jurisdicional diferenciada) distintas daquelas aplicáveis no âmbito da tutela jurisdicional individual. Institutos processuais como a competência, a conexão e a continência, legitimidade, coisa julgada, liquidação de sentença, etc., recebem na tutela coletiva um tratamento diferenciado, variando o grau de distinção do tratamento recebido pelos mesmo institutos no Código de Processo Civil". (ASSUMPÇÃO NEVES, Daniel Amorim. *Manual de processo coletivo*. São Paulo: Método, 2012. p. 7).

[77] Constituem esse microssistema, a título de exemplo, as Leis 4.717/65 (Ação Popular), 7.347/85 (Ação Civil Pública), 8.078/90 (CDC), 10.741/2003 (Estatuto do Idoso), entre diversas outras que compõem, destarte, esse sistema processual coletivo.

FORMAÇÃO DA COISA JULGADA E PROVA PRODUZIDA

e Antonio Gidi, terem participado da elaboração de um modelo de Código de Processos Coletivos Ibero-Americano.

A despeito do Código Ibero-Americano ser apenas um modelo e do fracasso na tentativa de aprovação de Código de Processos Coletivos brasileiro, esses movimentos evidenciam a atenção que vem sendo despendida em favor da tutela dos direitos coletivos e a tutela coletiva dos direitos para lembrar a bem lançada ideia de Teori Albino Zavaski.[78]

O surgimento da tutela coletiva tem duas fontes principais. A primeira e mais próxima ao sistema brasileiro tem origem no direito romano. Trata-se da ação popular, da *rei sacrae rei publicae*. Já existia naquele tempo o direito do cidadão agir em favor da *res publica* frente à forte ligação que o cidadão tinha para com os bens públicos *lato sensu*, em decorrência da conhecida afirmação de que a república pertencia ao cidadão romano, sendo seu dever defendê-la. Neste sentido nasce o conhecido brocardo *"Republicae interest quam plurumus ad defendam suam causa"*, importando para a república que sejam muitos os defensores de sua causa.[79]

Em segundo lugar, as ações de classe, que são as premissas originárias bases das hodiernas *class actions*, trabalhadas no direito processual dos Estados Unidos. Tais ações coletivas têm por base a *Equity* do direito inglês, sendo mais desenvolvida e de forma adequada mais especialmente pelos estadunidenses.[80]

Como já referido, a ideia inicial do processo civil era a proteção dos direitos individuais. Por isso, a importância hoje conferida às ações coletivas, que consagram o processo civil coletivo, trazendo maior acesso ao Poder Judiciário a milhares de cidadãos que antes não tinham meios para exercer este acesso e proteger seus direitos.[81] Além do acesso ao Judiciário e do próprio consequente acesso à justiça, outro efeito importante é manejado por meio das ações coletivas, em face da economia processual daí resultante e da ampliação subjetiva da prestação jurisdicional, pois, a partir de uma única ação coletiva, é possível a resolução do problema de uma gama enorme de pessoas. As vantagens obtidas através de um processo coletivo bem desenvolvido são inegáveis, contudo, como também já destacado, necessária foi a adaptação do ordenamento para

---

[78] ZAVASCKI, Teori Albino. *Processo coletivo*. 3. ed. São Paulo: Revista dos Tribunais, 2011.

[79] MANCUSO, Rodolfo de Camargo. *Ação popular*: proteção do erário, do patrimônio público, da moralidade administrativa e do meio ambiente. 3. ed. São Paulo: RT, 1998. p. 37-41.

[80] GIDI, Antonio. *Las acciones colectivas y a tutela de los derechos difusos, colectivos e individuales em Brasil*: um modelo pra países de derecho civil. Trad. Lucio Cabrera de Acevedo. México: Universidad Nacional Autônoma de México, 2004, p. 17. Do mesmo autor, pode-se referir a seguinte citação: "As class actions norte-americanas podem ter seu pedigree traçado até pelo menos o Século XII, quando grupos sociais litigavam nos tribunais ingleses, representados pelos seus líderes". (GIDI, Antonio. *Rumo a um código de processo civil coletivo*. Rio de Janeiro: GZ, 2008. p. 7).

[81] Sobre a proteção e eficácia dos direitos fundamentais, relevante conferir: SARLET, Ingo Wolfgang. *A eficácia dos direitos fundamentais*. 4. ed., rev. atual. Porto Alegre: Livraria do Advogado, 2004, p. 150 *et seq.*; 274 et seq.; DWORKIN, Ronald. *Levando os direitos a sério*. Trad. Nelson Boeira. São Paulo: Martins Fontes, 2002. p. 283 *et seq.*

que tal ramificação do direito pudesse efetivamente fincar suas raízes no sistema e tivesse efetiva colaboração no desenvolvimento da justiça.

Tudo isso também potencializou maior credibilidade dos órgãos jurisdicionais em decorrência da superação de decisões contraditórias sobre a mesma problemática, também, gerando maior segurança jurídica frente à estabilidade das decisões em casos idênticos.

Pode-se apontar, como motivações sociológicas para o sucesso do processo civil coletivo,[82] a busca de superação da grande litigiosidade de uma sociedade pós-moderna, globalizada e altamente industrializada, visto que as demandas de massa cresceram de forma abrupta e descontrolada.

Assim, poder-se-ia conceituar o processo civil coletivo como aquele que, utilizando das regras do processo civil individual como base, instaurado por ou em face de um legitimado autônomo, postula-se um direito coletivo (ou se deduz a tutela coletiva de direitos) de onde será possível colher uma decisão judicial que atinja a toda a coletividade ou a um grupo determinado de pessoas. Nesta forma de conceituar o processo civil coletivo, compreende-se a proteção dos direitos difusos, coletivos *stricto sensu* e individuais homogêneos coletivamente propostos.

Entre as possíveis ações que fazem parte do processo civil coletivo pode ser destacada a Ação Popular (Lei 4.717/65 e art. 5º, LXXIII da Constituição Federal), a Ação Civil Pública (Lei 7.347/85 e art. 129, III da Constituição Federal de 1988 que reconhece a referida ação), o Mandado de Segurança Coletivo (Lei 12.016/09 e art. 5, LXX da Constituição Federal), as Ações Coletivas para a Defesa de Direitos Individuais Homogêneos (arts. 91 a 100 do Código de Defesa do Consumidor), a Ação de Improbidade Administrativa (Lei 8.429/92), entre outras possíveis.[83]

Nesse ponto, não há duvida de que o processo civil coletivo tende a fomentar maior debate e participação democrática da sociedade, ocorrendo o pleno exercício da democracia[84] por meio do Poder Judiciário, fazendo com

---

[82] Sobre a preocupação relevante de corretamente observar a tutela coletiva, importante conferir VIGORITTI, Vicenzo. *Interesse collettivi e processo*: la legittimazione ad agire. Milano: Giuffrè, 1979. p. 14.

[83] Comente-se que, para alguns, as ações do controle de constitucionalidade pode ser vistas como modalidades de tutela coletiva. Por todos ver NERY JR, Nelson; NERY, Rosa Maria de Andrade. *Código de processo civil comentado e legislação extravagante*. 6. ed. Revista dos Tribunais: São Paulo, 2002. p. 1396.

Por sua vez, outras possíveis ações coletivas podem existir como, por exemplo, as de cunho eleitoral, trabalhista, mas aqui não serão abordadas, pois não fazem parte da temática em análise por não ser parte do processo civil coletivo aqui sustentado.

[84] ROUSSEAU, Jean-Jacques. *O contrato social*. Trad. Paulo Neves. Porto Alegre: L&PM, 2009. p. 80-81. Nesse peculiar, o teórico da democracia acaba por entender que esse modelo seria muito produtivo, mas que não seria passível de implementação. Sobre o futuro da democracia vale observar BOBBIO Norberto. *El futuro de la democracia*. Trad. José F. Fernández Santillán. México: Fondo de Cultura Económica, 1999. p. 23 *et seq.*

que se implemente a dupla face da democracia, tanto a representativa como a participativa.[85]

A tutela jurisdicional coletiva, em sua história e nascimento, tem diferentes modelos em aplicação no mundo: o modelo alemão (*Verbandsklage*), adotado principalmente na Europa-Continental, e o modelo das *Class Actions*, de origem estadunidense, relativamente bem difundido no Brasil.[86]

Isso significa que a sistemática do processo civil coletivo, basicamente, segue pontos já consolidados em sistemas próprios, adequados à tutela coletiva de direitos ou tutela de direitos coletivos, dependendo da natureza de cada ação coletiva. O Código de Processo Civil é utilizado de forma subsidiária, situação que pode dar ensejo a conflitos em razão da diferença ideológica de cada direito protegido, tendo em vista que este foi concebido com claro objeto: defesa de direitos individuais. Contudo, esta polêmica não encontra espaço para aqui se debater.

A ressalva deve ser feita, pois, às peculiaridades que cada ação coletiva deverá observar porque previstas legalmente, como, por exemplo, se dá na ação civil pública, na ação popular e outras tantas que possuem regramentos peculiares e próprios, mas que observam no mais as já consagradas regras do processo civil clássico.

Os direitos protegidos ou pretendidos neste tipo de processo civil coletivo naturalmente são coletivos *lato sensu* (direitos difusos, coletivos *stricto sensu* e individuais homogêneos[87]).

3.2. AÇÕES COLETIVAS: PONTOS DE ESCLARECIMENTO

Como destacado, uma das origens das ações coletivas[88] encontra-se nos países da *Commom Law*, onde são conhecidas como *Class Actions*. Primeiramente,

---

[85] RIBEIRO, Darci Guimarães. *Da tutela jurisdicional às formas de tutela*. Porto Alegre: Livraria do Advogado, 2010. p. 95 *et seq.*

[86] TARUFFO, Michele. Modelli di tutela giurisdizionale degli interessi collettivi. In: LANFRANCHI, Lucio. *La tutela giurisdizionale delgi interessi collettivi e diffusi*. Torino: Giappichelli, 2003. p. 53 et seq.

[87] Para Barbosa Moreira, os direitos individuais homogêneos seriam acidentalmente coletivos enquanto os direitos difusos e coletivos *stricto sensu* seriam essencialmente coletivos. BARBOSA MOREIRA, José Carlos. *Tutela jurisdicional dos interesses coletivos ou difusos*: temas de direito processual civil. São Paulo: Saraiva, 1984b. p. 195-197.

[88] A ação coletiva, segundo Antônio Gidi, é *"la acción promovida por un representante (legitimación colectiva), para proteger el derecho que pertenece a un grupo de personas (objeto del litigio), y cuya sentencia obligará al grupo como un todo (cosa juzgada)"* (GIDI, 2004, p. 31). No entanto, no Brasil, a ação coletiva provém de estudos realizados na Itália, a partir de análise realizada das ações coletivas norte-americanas. (GIDI, 2004, p. 17): "La acción colectiva brasileña tiene sus orígenes en los estudos académicos realizados en Italia en la década de los setenta, cuando un grupo de profesores italianos estudiaron las acciones colectivas norteamericanas y publicaron artículos y libros sobre el tema".

nas cortes inglesas; e, ulteriormente, aperfeiçoadas pelo ordenamento jurídico norte-americano.[89]

Não é de hoje que se tem conhecimento da necessidade de proteção de direitos da sociedade como um todo, ou de determinada seara desta. Não raras são as ocasiões em que o direito a ser protegido não é um direito individualmente considerado, mas, sim, que transcende a essa esfera, um direito que pertence a toda uma coletividade (direitos coletivos *lato sensu*) ou que, pelo menos, advenha de um fato comum e de interesse a diversos indivíduos (direitos individuais homogêneos).

Não é preciso maior esforço intelectual para verificar que existem inumeráveis oportunidades nas quais deverão ser tutelados direitos coletivos e que, para tanto, verifica-se como a melhor solução a interposição de uma ação coletiva, seja ela qual for. Deixa-se, desse modo, de ver o processo como um meio para resolução de conflitos de interesses unicamente individuais para, então, admitir a necessidade de uma adequação a novas formas de tutelas a novos tipos de direitos.

Como leciona Teori Albino Zavascki, foi preciso uma tomada de consciência para que se percebesse a necessidade de proteção a direitos, atualmente, muito em voga, como, *e.g.*, do meio ambiente e do consumidor, os quais estavam fora da esfera do individual.[90]

O Brasil, apesar de ser um país adepto a *Civil Law* (tema hoje objeto de debates em virtude da grande integração que vem ocorrendo entre as famílias jurídicas no país), percebe-se que o sistema de proteção a direitos de massa se desenvolveu com muita força, haja vista o número crescente de instrumentos para o exercício de tal proteção, tais como a Ação Popular, a Ação Civil Pública, o Código de Defesa do Consumidor, o Mandado de Segurança Coletivo, entre outros. Assim, o Brasil se coloca em posição privilegiada, sendo um bom exemplo de como recepcionar e inserir, em seu ordenamento, um instituto com gênese da *Commom Law* em um ordenamento de *Civil Law*.

Bem da verdade, foi, no país, entre todos aqueles que se unem pela tradição da *Civil Law*, em que ocorreu a maior revolução e maior preocupação em

---

[89] ZAVASCKI, 2011, p. 26: "O certo é que da antiga experiência das cortes inglesas se originou a moderna ação de classe (class action), aperfeiçoada e difundida no sistema norte-americano, especialmente a partir de 1938, com a *Rule* 23 das *Federal Rules of Civil Procedure*, e da sua reforma em 1966, que transformaram esse importante método de tutela coletiva em 'algo único e absolutamente novo' [...]".

[90] ZAVASCKI, 2011, p. 31: "Preservação do meio ambiente e defesa do consumidor constituíram, portanto, embora não exclusivamente, o ponto de partida para o movimento reformador, verificado em vários sistemas jurídicos, que acabou gerando o aparecimento, por um lado, de regras de direito material (civil e penal) destinadas a dar consistência normativas às medidas de tutela daqueles bens jurídicos ameaçados e, por outro, de correspondentes mecanismos de natureza processual para da quase absoluta inaptidão dos métodos processuais tradicionais para fazer frente aos novos conflitos e às novas configurações de velhos conflitos, especialmente pela particular circunstância de que os interesses atingidos ou ameaçados extrapolavam, em muitos casos, a esfera meramente individual, para atingir uma dimensão maior, de transindividualidade."

busca da tutela dos direitos coletivos e individuais homogêneos. Neste sentido, Teori Albino Zawascki explica que:

> Foi o legislador brasileiro, na verdade, que protagonizou, de modo muito mais profundo e mais rico do que nos demais países da civil law, a "revolução", mencionada por Cappelletti e Garth, em prol da criação de instrumentos de tutela coletiva [...]. Com o advento da Constituição de 1988, ficou expressamente consagrado, com a marca da sua estatura superior, a tutela material de diversos direitos com natureza transindividual, como o direito ao meio ambiente sadio (art. 225), à manutenção do patrimônio cultural (art. 216), à preservação da probidade administrativa (art. 37, § 4º) e à proteção do consumidor (art. 5º, XXXII).[91]

Ademais, a mesma Constituição que consagrou todos esses institutos de interesse público, também, elevou a categoria de norma constitucional (e assim ampliando sua importância) ações coletivas que outrora encontravam amparo unicamente no sistema infraconstitucional, tais como a Ação Popular e a Ação Civil Pública.

A elevação destes mecanismos a um patamar constitucional constituiu, sem dúvida, avanço significativo em busca da consolidação no sistema nacional, de forma definitiva, não só do reconhecimento da existência desses direitos (direitos além dos individuais), mas da necessidade de proteção dos mesmos.

Assim, com o reconhecimento da existência da necessidade de proteção de direitos coletivos (difusos e coletivos *stricto sensu*) e individuais homogêneos, estabeleceu-se uma nova era no direito brasileiro, com isso, rompendo-se o paradigma preexistente de que o processo diria respeito unicamente às partes individualmente consideradas. Como Teori Albino Zavascki mais uma vez menciona:

> Formado todo esse cabedal normativo, não há como deixar de reconhecer, em nosso sistema processual, a existência de um subsistema específico, rico e sofisticado, aparelhado para atender aos conflitos coletivos, característicos da sociedade moderna. Conforme observou Barbosa Moreira, "o Brasil pode orgulhar-se de ter uma das mais completas e avançadas legislações em matéria de proteção de interesses supraindividuais", de modo que, se ainda é insatisfatória a tutela de tais interesses, certamente, "não pela carência de meios processuais que responde" por isso.[92]

Ainda em tempo, cabe uma sucinta reflexão a respeito do que realmente seriam direitos coletivos *lato sensu* e direitos individuais homogêneos, possibilitando assim, uma maior compreensão do exposto até o momento e do que também virá a ser dito.

É de se destacar que a tarefa de definir o que é cada espécie destes direitos não se trata de matéria com maior complexidade, em razão de o legislador já o ter feito no Código de Defesa do Consumidor. Segundo consta neste diploma (I) são direitos difusos os transindividuais de natureza indivisível, de que sejam

---

[91] ZAVASCKI, 2011, p. 34-35.
[92] ZAVASCKI, 2011.

titulares pessoas indeterminadas e ligadas por circunstâncias de fato; (II) são direitos coletivos *stricto sensu* os transindividuais de natureza indivisível, de que seja titular grupo, categoria ou classe de pessoas ligadas entre si ou com a parte contrária por uma relação jurídica base; e (III) são direitos individuais homogêneos os decorrentes de origem comum.

Feitos estes breves esclarecimentos, porém importantes para que se observe o contexto em que está inserido o processo coletivo no Brasil, passa-se, agora, ao debate de instituto muito caro, tanto ao processo coletivo quanto ao processo individual, mas cujas características, conquanto tenham denominação idêntica, em muito se diferenciam, o que escancara, de vez, a necessária adaptação pela qual teve de passar o sistema jurídico pátrio para incorporar a ideia de defesa de direitos coletivos e que também, destarte, facilitará, mais adiante, a compreensão do porquê quiçá seja adequado importar algumas das características hoje presentes na Coisa Julgada Coletiva para a Coisa Julgada Individual.

3.3. COISA JULGADA COLETIVA E INDIVIDUAL: A DIFERENCIAÇÃO ENTRE O INSTITUTO COLETIVO E O INDIVIDUAL

A Coisa Julgada sempre foi alvo de grande debate doutrinário. Diversos foram os choques de ideias ao longo da história. Muitas ainda são as controvérsias existentes. A sua relativização (tema pertinente ao presente trabalho), por exemplo, ainda hoje gera discussões homéricas entre os mais renomados juristas.

A verdade é que a Coisa Julgada sempre foi um pilar do Estado Democrático de Direito, pois é corolário de dois princípios básicos do direito brasileiro: a estabilidade e a segurança jurídica. Muitos já foram os conceitos dados, mas hoje se tem a ideia de que ela representa "a indiscutibilidade da nova situação jurídica posta pela sentença e também decorrente da inviabilidade recursal".[93]

A sua importância foi reconhecida pela própria Constituição Federal, então, estabelecendo-a como direito fundamental, constando expressa no rol presente no art. 5°, mais precisamente em seu inciso XXXVI. Isso, como decorrência natural do princípio da segurança jurídica, que impõe a necessidade de estabilização dos julgados.[94]

---

[93] PORTO, Sergio Gilberto. *Coisa julgada civil.* 3. ed. São Paulo: Revista dos Tribunais, 2006. p. 53.

[94] Vale referir Marinoni, Mitidiero e Sarlet: "O direito à segurança jurídica no processo constitui o direito à certeza, à estabilidade, à confiabilidade e à efetividade das situações jurídicas processuais. Ainda, a segurança jurídica determina não só segurança no processo, mas também segurança pelo processo. Nessa linha, o direito fundamental à segurança jurídica processual exige respeito: (i) à preclusão; (ii) à coisa julgada; (iii) à forma processual em geral e(iv) ao precedente judicial." (SARLET; MARINONI; MITIDIERO, 2012, p. 671).

Contudo, conquanto seja pilar do ordenamento jurídico nacional, o seu debate se revela ainda tormentoso. Por exemplo, não são poucos os juristas que entendem pela necessidade de sua relativização em algumas ocasiões,[95] alguns de forma mais ampla, outros de forma mais restritiva, mas o que não se pode negar é que existe boa gama de juristas de notável conhecimento que entendem pela possibilidade de relativização da Coisa Julgada.[96]

Tal posição, por sua vez, entra em choque com outra parte da doutrina, igualmente qualificada, que entende pela inviabilidade da relativização da Coisa Julgada, fundada, basicamente, no argumento de que em algum momento, bem ou mal julgada, justa ou injusta a decisão, a lide deve ter um fim com intuito de frear o eternizar dos conflitos. A perenidade dos conflitos é inviável e isso parece indiscutível, pois, em algum momento, os debates judiciais precisam ter um ponto final. Para tanto, existem diversos mecanismos para tanto.

Contudo, é também de recordar que a busca pela verdade configura um dos objetivos do processo e do direito (como já exposto anteriormente), razão pela qual a necessidade de um olhar mais atento a situações que assim exigem.

Neste sentido, é preciso trazer algum temperamento para o debate com o intuito de evitar radicalismos que, via de regra, costumam cegar e prejudicar a querela. Certamente, a segurança jurídica é direito fundamental a todos os cidadãos e, por isso, revela-se tão importante prestigiar o instituto da Coisa Julgada.

---

[95] Sobre o tema, destacam Sergio Gilberto Porto e Daniel Ustarroz: "[...] tendo em vista a existência de pontuais, mas gravíssimos equívocos na aplicação do direito, a doutrina passou a arquitetar uma nova teoria, cujo cerne está na constatação de que a coisa julgada, como as demais garantias constitucionais, precisaria ser relativizada para que outros princípios pudessem ser valorizados. [...] Capitaneados por Cândido Rangel Dinamarco, Humberto Theodoro Junior e Juliana Cordeiro de Faria, foram publicados inúmeros ensaios doutrinários sugerindo a reavaliação da coisa julgada e sua relativização quando não houver outro meio possível de oferecer a correção do julgado. A este propósito, Cândido Rangel Dinamarco compartilha sua inquietação, indagando se seria legítimo eternizar injustiças a pretexto de evitar a eternização de incertezas." (PORTO, Sérgio Gilberto; USTARROZ, Daniel. *Lições de direitos fundamentais no processo civil*. Porto Alegre: Livraria do advogado, 2009. p. 116).

[96] Como destaca Rodolfo de Camargo Mancuso, a Coisa Julgada é tema que estabelece diversas discussões: "Poucos institutos jurídicos apresentam a riqueza de modalidades, de concepções (e de controvérsias!) como se passa com a coisa julgada. A variada gama comporta muitas *nuances*: (i) a distinção entre coisa julgada propriamente dita, restrita aos órgãos judicias – CF, art. 92 – e a dita coisa julgada administrativa (na verdade uma sorte de preclusão verificada ao interno do Estado Administrador, já que não impede o eventual contraste judicial ulterior – CF, art. 5º XXXV). (ii) casos em que, como se diz, não fazem coisa julgada, e aí temos as decisões judiciais que não dirimem o mérito da controvérsia, ou mesmo as condenatórias penais, ante a possibilidade de revisão a qualquer tempo; (iii) situações em que a coisa julgada opera em modo mitigado, com nas lides fisco-contribuinte, dado o princípio da anualidade dos tributos; nas relações jurídicas continuativas, sujeitas à cláusula *rebus sic stantibus*; em certas ADIns, onde o STF pode relativizar a cargas eficaciais do julgado de mérito – Lei 9.868/99, art. 27; (iv) casos em que a coisa julgada apresenta eficácia exacerbada, como nas ações civis (públicas que instrumentam interesses difusos (Lei 8.078/90, art. 103, I. Lei 7.347/85, art. 16); (v) ocorrências nas quais a força da coisa julgada aparece relativizada (ou, segundo alguns, desconsiderada), como na chamada coisa 'julgada inconstitucional', em certo modo positivada no CPC (§ 1º do art. 475 – L; parágrafo único do art. 741, ambos cf. Lei 11.232/2005, que acresceu aquele primeiro parágrafo e deu nova redação a este último)." (MANCUSO, Rodolfo de Camargo. *Jurisdição coletiva e coisa julgada*: teoria geral das ações coletivas. 3. ed. São Paulo: Revista dos Tribunais, 2012. p. 129).

Contudo, com a evolução da ciência processual, que, inicialmente, foi concebida a partir do conflito de interesses individuais, passou-se a vislumbrar que, em diversas oportunidades, o interesse em debate se projetava para além do individual, sendo, pois, verdadeiramente coletivo.

Toda a construção teórica acerca do instituto da Coisa Julgada se deu sempre com o pensamento no conflito individual de interesses. Do momento em que nasceu a necessidade de um transporte de um instituto desenhado para o conflito individual para que fosse aplicado também para conflitos com caráter coletivo, naturalmente, problemas foram identificados e adaptações foram necessárias, mesmo que com resistência de parte da doutrina.

Sob uma ideia básica de estabilização das decisões jurisdicionais, abrigam-se projeções distintas que, por sua vez, reclamam adequações do instituto básico à natureza da controvérsia. Frente a esta realidade, impõe-se a análise dos pontos de desencontro presentes na tutela coletiva e na tutela individual.

3.3.1. A Coisa Julgada coletiva e suas características

No que tange ao instituto da Coisa Julgada coletiva, é importante referir que em muito se diferencia da Coisa Julgada tradicional, pensada e concebida com o foco no debate e no conflito individual, como aliás, já referido. No entanto, para que ocorresse a necessária adaptação do instituto da Coisa Julgada, com o intuito de melhor atender aos anseios da tutela coletiva de direitos, naturalmente, foi necessária uma remodelação da estrutura então conhecida. Novos critérios foram estabelecidos para aplicação da Coisa Julgada no âmbito do processo coletivo.[97]

Isso posto, começa-se a destacar as particularidades da Coisa Julgada no processo coletivo, de acordo com cada direito por ela protegido, seja ele difuso, coletivo ou individual homogêneo. Isso porque para cada um destes existirão particularidades que se aplicarão a um tipo de direito, mas não a outro e vice-versa. Importante destacar que, como refere Fredie Didier Jr.:

> Inicialmente, cumpre lembrar que a coisa julgada coletiva, ponto central na conformação do devido processo legal coletivo, apresenta dois aspectos que centralizam todas

---

[97] Vale trazer novamente o que refere Rodolfo de Camargo Mancuso: "Se tais dissensos conceituais registram-se no âmbito da jurisdição singular, vocacionada às lides individuais, que dizer, então, do que se passa com a coisa julgada no plano da jurisdição coletiva, onde a própria expansão dos temas que aí afluem (meio ambiente, consumidores, patrimônio cultural, moralidade administrativa) faz com que a imutabilidade agregada pela coisa julgada aos efeitos do julgado tenha que se projetar em intensidade maior ou menor para fora do processo, como condição para se alcançar a faixa do universo coletivo correspondente ao interesse judicializado? Para tanto, disponibilizam-se novas modalidades da coisa julgada, aderentes a essas realidades prospectadas pela ciência processual, como a que se opera *erga omnes*, indistintamente (interesses difusos), *ultra partes* (interesses coletivos em sentido estrito) ou ainda *erga omnes*, em face dos sujeitos concernentes (interesses individuais homogêneos). Já ainda subtipos, como na ação popular – art. 18 da Lei 4.717/65) e a que pode ser utilizada em prol dos pleitos individuais (transporte *in utilibus*) – § 3º do art. 103 e art. 104 da Lei 8.078/90. (MANCUSO, 2012, p.131-132).

FORMAÇÃO DA COISA JULGADA E PROVA PRODUZIDA

as discussões a respeito do tema: a) de um lado, o risco de interferência injusta nas garantias do individuo titular do direito subjetivo, que poderia ficar sujeito à "imutabilidade" de uma decisão da qual não participou: o problema decorre da circunstância de que o legitimado à tutela coletiva é sempre um ente que não é o titular do direito coletivo em litígio (legitimação extraordinária); b) de outro lado, o risco de exposição indefinida do réu ao Judiciário ("no person should be twice vexed by the same claim") e a necessidade de estabilidade jurídica para o Estado ('it is the interest of the state that there be an end to litigation"): é preciso, de outro lado, proteger o réu, que não pode ser demandado infinitas vezes sobre o tema, e limitar o poder do Estado, que não pode estar autorizado a sempre rever o que já foi decidido.[98]

Isto é, visualiza-se a existência de dois problemas que devem ser tratados com cautela, pois, de certa forma, seja de um lado, seja de outro, podem ocasionar a violação de garantias constitucionais. Na hipótese "a", citada por Fredie Didier Jr., por exemplo, o acesso à justiça, o direito de influenciar na decisão do juízo (contraditório) seria fatalmente prejudicado, pois, ao ocorrer a ampliação de legitimidade, ao ocorrer essa expansão, o sujeito individual poderia se ver prejudicado por uma sentença na qual teve privado o seu direito de pleitear pelo seu próprio direito.

Por sua vez, na hipótese "b" também supradescrita, por exemplo, está expondo-se o réu a um verdadeiro *bis in idem*, estará o réu respondendo duas ou mais vezes pela mesma situação, o que, sabe-se, também, é vedado pela Constituição Federal.

Todas essas questões foram levadas em consideração para se estabelecer uma nova sistemática sobre a Coisa Julgada no processo coletivo. E foi em razão dessas particularidades que se adotaram algumas características importantes, que diferem da Coisa Julgada tradicional e que, hoje, é possível, inclusive, cogitar da importação para o âmbito da Coisa Julgada individual, tamanha a sua relevância e exatidão ideológica, em especial, frente a cada vez maior constitucionalização do direito, seja ele processual, seja ele material.

3.3.2. Coisa Julgada coletiva: direitos difusos e coletivos *stricto sensu*. Coisa Julgada *secundum eventum prabationis* e *secundum eventum litis* e demais aspectos relevantes

Como referido, o direito coletivo tutela três categorias distintas de direitos não individuais. Direitos difusos, coletivos *stricto sensu* (também conhecidos como essencialmente coletivos) e individuais homogêneos (conhecidos por acidentalmente coletivos). Mesmo que todos tratem de direitos de coletividades, encontram-se verdadeiramente em âmbitos diversos, cada qual com

---

[98] DIDIER JR.; ZANETTI JR., 2010, p. 365.

as suas idiossincrasias e consequências distintas, e, destarte, a Coisa Julgada foi adaptada de forma diferenciada para cada um deles também.

Assim, para manutenção de um critério lógico-didático, parece mais adequado, primeiramente, trazer esclarecimentos acerca dos diretos difusos e direitos coletivos *stricto sensu,* os quais possuem uma diferenciação em comparação ao tratamento dado aos direitos individuais homogêneos. No que diz respeito àquelas duas categorias de direito coletivo, a Coisa Julgada opera de forma muito especial. E aplica-se, assim, a Coisa Julgada *secundum eventum probationis* e também a Coisa Julgada *secundum eventum litis.*

Diferentemente da Coisa Julgada tradicional, que vai existir independentemente do fundamento da decisão proferida, no caso dos diretos difusos e direitos coletivos *stricto sensu,* isso se dá de forma diferente.

Como referido, ao tutelar direitos que transcendem à figura do indivíduo singular, optou-se por achar uma saída estratégica para que este não fosse prejudicado em seu direito individual, em caso de uma má condução do processo pelo legitimado extraordinário que foi a juízo buscar a tutela do direito.

O art. 16 da Lei 7.347 assim estabelece o regime da Coisa Julgada:[99]

Art. 16: A sentença civil fará coisa julgada *erga omnes*, nos limites da competência territorial do órgão prolator, exceto se o pedido for julgado improcedente por insuficiência de provas, hipótese em que qualquer legitimado poderá intentar outra ação com idêntico fundamento, valendo-se de prova nova.

No mesmo sentido, encontra-se o art. 103 do CDC, cuja disposição restou assim escrita:

Art. 103: nas ações coletivas de que trata este código, a sentença fará coisa julgada:

I – *erga omnes*, exceto se o pedido for julgado improcedente por insuficiência de provas, hipótese em que qualquer outro legitimado poderá intentar outra ação, com idêntico fundamento valendo-se de nova prova, na hipótese do inciso I do parágrafo único do art. 81;

II – *ultra partes*, mas limitadamente ao grupo, categoria ou classe, salvo improcedência por insuficiência de provas, nos termos do inciso anterior, quando se tratar da hipótese do inciso I do parágrafo único do art. 81.

Verifica-se uma verdadeira quebra de paradigma com o tradicional instituto jurídico. Denota-se que há um reconhecimento por parte do legislador de que o direito individual não pode ser prejudicado, que não pode haver um embaraço para o indivíduo na busca pelo seu direito subjetivo na eventualidade de uma má condução do feito, por parte daquele que logrou uma legitimação extraordinária para pleitear a tutela coletiva de determinado grupo, classe ou qualquer outra entidade coletiva.

---

[99] Não é de se olvidar o art. 18 da Lei da Ação Popular que foi o primeiro a tratar sobre o tema aqui debatido, possuindo redação semelhante ao do artigo acima transcrito.

O microssistema processual coletivo estabelecido, principalmente pelos dois diplomas legais mencionados (além de outras leis esparsas e da própria lei da ação popular), adota uma ideia absolutamente diversa daquela presente no sistema processual individual, cujo fundamento da decisão não importa, pois existirá Coisa Julgada material em qualquer hipótese (salvo, naturalmente, quando a demanda não ultrapassar às formalidades previstas no art. 267, CPC).

Assim, a sentença de improcedência por insuficiência de provas deixará de adquirir, talvez, a maior das características da Coisa Julgada material, que é a imutabilidade do julgado.[100] Ou seja, é esta a razão para chamá-la de *secundum eventum probationis,* pois depende do esgotamento das provas para que ocorra a existência de Coisa Julgada Material.[101]

Fosse apenas essa a diferença entre a Coisa Julgada coletiva para a individual, já se estaria observando uma mudança drástica, pois é da imutabilidade da sentença que se confere a segurança jurídica ao sistema, que, no processo coletivo, deixa de ser prestigiada em nome de sempre se buscar a melhor solução para a causa e não deixar que se resolva a demanda através de uma mera regra formal de julgamento pela distribuição do ônus da prova constante no art. 333 do vigente CPC. Neste sentido, vale trazer o magistério de Marcelo Abelha Rodrigues:

> Diante disso pensamos, sob um novo enfoque, que os artigos citados pretendem evitar a formação da autoridade do julgado para casos em que tenha sido reconhecida a insuficiência de provas na formação do convencimento do juiz, e justamente por isso qualquer decisão originada da utilização do art. 333 do CPC, terá o "selo e a marca" da dúvida e da incerteza não resolvida pelo juiz e, como tal, será ilegítima para receber a imutabilização da coisa julgada. Nada mais lógico e justo, num Estado

---

[100] Vale a lição de Teori Zavascki: "O conceito de coisa julgada, como previsto no art. 467 do CPC, é universal para todas as sentenças de mérito. Também em relação às sentenças proferidas nas ações civis públicas, a coisa julgada é a eficácia que as torna 'imutáveis e indiscutíveis'. O que se distingue essa das demais sentenças são (a) os pressupostos para adquirir imutabilidade e (b) os limites de sua eficácia. No regime do CPC, a sentença adquire imutabilidade quando 'não mais sujeita a recurso ordinário ou extraordinário' (CPC, art. 467), e a sua eficácia subjetiva é extensiva 'às partes entre as quais é dada, não beneficiando, nem prejudicando terceiros' (CPC, art. 472). Já em ações civis públicas a sentença só adquire a qualidade de imutável quando, além de não estar mais sujeita a recurso, for sentença de procedência ou quando a improcedência não tiver sido decorrente de insuficiência probatória. Não adquire imutabilidade, em outras palavras, a sentença que, ante a falta e prova dos fatos, julga improcedente o pedido de tutela do direito transindividual." (ZAVASCKI, 2011, p. 65).

[101] Como refere Sergio Porto: "Efetivamente, a própria lei que regula a Ação Civil Pública (art. 16), exclui a possibilidade de formação de coisa julgada quando a demanda for julgada improcedente por ausência de prova suficiente. Estamos, portanto, frente a uma decisão *secundum eventum probationis5,* vale dizer: a existência de coisa julgada depende da eficiência da prova. Se esta for apta a ensejar a procedência ou a improcedência, ocorrerá a formação da Coisa Julgada. Entretanto, se esta não for suficiente para a procedência ou improcedência, não gerará coisa julgada material. Ressalva-se, pois, a incidência de coisa julgada a zona cinzenta capaz de gerar certeza no juízo, quer certeza negativa, quer certeza positiva." (PORTO, Sérgio Gilberto. Revisita à coisa julgada: a necessária adequação à natureza do direito posto em causa e seus reflexos na tutela ambiental. In: BERIZONCE, Roberto O.; ROSA TESHEINER, José Maria; KRÜGER THAMAY, Rennan Faria. *Los procesos colectivos*: Argentina y Brasil. Buenos Aires: Cathedra Juridica, 2012. p. 311).

Democrático e Social de Direito. Até essa nova visão, foi influenciada pela mudança de paradigma do Estado liberal para o Estado social.

Ora, num Estado liberal, o direito de propriedade ganha relevo incensurável, e nesse caso faz sentido que se estabeleça a regra do art. 18 da LAP para se evitar conluio. No fundo seria para evitar que o "direito privado" da sociedade pudesse ser prejudicado pelo "substituto processual". Por outro lado, num Estado social, onde o direito de se ter justiça é correlato ao dever do Estado de prestá-la, nada mais lógico que, em situações processuais excepcionais de *non liquet*, onde exista o risco reconhecido de que a decisão seja fruto de um jogo frio e calculista de distribuição privatista da prova (de ônus), não seria lógico e legítimo que, nos casos de sua insuficiência, a referida decisão tivesse aptidão de ser imutabilizada pela coisa julgada material.[102]

Admite-se, portanto, uma exceção ao sistema tradicional da Coisa Julgada, em que esta teria seus efeitos a despeito do fundamento que fosse utilizado para sua improcedência.

Mas questão que surge e que gera debate na doutrina é sobre a necessidade de estar expresso, na sentença, que o fundamento para a improcedência foi a insuficiência das provas produzidas. Na legislação vigente, não existe qualquer referência quanto à necessidade de constar expressamente o fundamento de falta de provas para a improcedência. Há divergência na doutrina, com entendimentos para ambos os lados.[103] E, a despeito do debate, parece que a melhor solução encontra-se do lado daqueles que entendem pela não necessidade de constar expressamente no julgado referência à ausência de provas.

Entende-se que impedir a repropositura de uma ação apenas porque deixou-se de consignar no dispositivo da sentença que esta foi improcedente por insuficiência de provas parece pecar por formalismo exacerbado. Isso por algumas razões. A primeira é de que o formalismo exagerado não deve jamais

---

[102] ABELHA RODRIGUES, Marcelo. *Processo civil ambiental*. 3. ed. São Paulo: Revista dos Tribunais, 2011. p. 211.

[103] Rodolfo de Camargo Mancuso entende pela necessidade de constar expressamente que o julgamento se deu pela insuficiência de provas: "É importante ressaltar que, nos casos de improcedência por insuficiência de prova, deve o juiz consignar expressamente essa circunstância no dispositivo do julgado, a FM de que se opere o sistema especial da coisa julgada prevista no art. 18, parte final, da LAP. Trata-se de um critério legal especialíssimo, derrogatório do sistema comum e, portanto, para sua incidência no caso concreto que o próprio julgador esclareça que está no julgando no 'estado dos autos'". (CAMARGO MANCUSO, Rodolfo de. *Ação Popular*. 4ª ed., São Paulo: Revista dos Tribunais, 2001. p.284). Por sua vez, a posição de Daniel Amorim Assumpção Neves diverge de tal posicionamento: "Com entendimento contrário, existe corrente doutrinária que não vê qualquer necessidade de constar, expressa ou implicitamente na sentença, que a improcedência do pedido decorreu de ausência ou insuficiência de provas. A doutrina que defende uma tese mais ampla afirma que não se deveria adotar um critério meramente formal do instituto, propondo-se um critério liberal, nomeado de critério substancial. Segundo essa visão, sempre que um legitimado propuser, com o mesmo fundamento, uma segunda demanda coletiva na qual fundamente sua pretensão em nova prova, estar-se-á diante da possibilidade de obter uma segunda decisão. A segunda corrente defende o entendimento mais acertado, considerando que a doção de tese restritiva limitaria indevidamente o conceito de prova nova. Ao exigir-se do juiz uma fundamentação referente à ausência ou à insuficiência de provas, será impossível a ele se manifestar sobre o que não existia à época da decisão, o que retiraria a possibilidade de propositura de uma nova demanda fundada em meio de prova não existente à época da prolação da decisão. Nesses casos, haveria um indevido e indesejável estreitamento do conceito de prova nova [...]." (ASSUMPÇÃO NEVES, 2012, p. 319).

obstar o exercício de qualquer direito, em especial, o direito de ação. Segundo que, caso fosse necessária a consignação expressa, estaria indo contra o próprio espírito da norma que busca a preservação do direito individual no caso de uma má condução processual. Ainda, a existência de prova suficiente para o julgamento da demanda é critério inafastável das ações coletivas, exatamente por existir uma legitimação peculiar.

Se por um esquecimento do magistrado, este não deixa expresso em sua decisão que a improcedência se deu pela insuficiência de provas, o direito individual da parte restaria fatalmente prejudicado. Mas, do momento em que se admite a ideia de que não é obrigatória a referência expressa, abre-se espaço para uma melhor tutela do direito, que é o espírito da norma quando editada pelo legislador.

De acordo com Fredie Didier Jr:

> Importante ressalvar que o julgamento por insuficiência de provas não precisa ser expresso. Deve, contudo, decorrer do conteúdo da decisão que outro poderia ter sido o resultado caso o autor comprovasse os fatos constitutivos de seu direito. Pode o legitimado propor novamente a demanda, desde que demonstre ao juiz que essa nova prova mostra-se suficiente para eventualmente resultar na procedência do pedido. A *prova suficiente* é um requisito específico das ações coletivas. Não há necessidade, enfim, de a decisão ser clara: "julgo improcedente por falta de provas". Sem dúvida, porém, essa "fórmula" é a mais conveniente, uma vez que deixa evidente para as partes que não se trata de decisão estabilizada quanto ao mérito.[104]

Claro que é necessária que da fundamentação utilizada pelo magistrado reste possível extrair claramente que houve uma lacuna probatória, da qual não restou possível, para o magistrado, formar uma convicção para o "sim" ou para o "não".

Como o *non liquet* não é admitido no sistema pátrio, o magistrado é forçado a prolatar uma decisão, que, naturalmente, será de improcedência, mas que, no presente caso, será uma improcedência que não afastará o direito da parte de buscar uma melhor comprovação para a tese sustentada.

Ao Estado, que não é permitido não decidir, confere-se a possibilidade deste rejeitar a pretensão, sem, contudo, possuir esta decisão a definitividade característica da Coisa Julgada material, cuja importância não se discute, mas que talvez, na circunstância da ausência de provas, efetivamente seja mais adequada.[105]

---

[104] DIDIER JR.; ZANETI JR, 2010, p. 367.

[105] Como destaca Marcelo Abelha Rodrigues: "Todavia, conquanto o ângulo visual não tenha sido alterado pelo legislador da Lei 7.347/7195 e do CDC, que decalcaram o art. 18 da LAP para evitar o risco de um conluio entre as partes em prejuízo da sociedade, a verdade é que se pode dar um colorido diferente, ou quiçá, enxergar o dispositivo sob um matiz um pouco diverso e mais consentâneo com os princípios referentes à prova na jurisdição civil coletiva. Assim, se mudarmos o foco de luz sobre os arts. 16 da LACP , 18 da LAP e 103, I e II, do CDC, veremos um novo horizonte muito interessante para se encarar e justificar a regra da coisa julgada *secundum eventum probationis*. Essa nova observação diz respeito à ligação da prova com a verdade

A regra, da forma que está posta, permite que qualquer legitimado possa trazer novamente a demanda a conhecimento do juízo, inclusive o mesmo ente que a propôs pela primeira vez, desde que fundado em prova nova. Tal hipótese, que ressalva o direito, cumpre refletir se deva ou não, ser transportada para o âmbito do processo individual, não impondo ao magistrado, para solucionar a demanda, a necessidade de utilizar friamente a regra do ônus da prova. Isso, sem maior esforço, soluciona a demanda, porém não pacifica o conflito social existente entre as partes, que permanecem em litígio em razão do não oferecimento de uma solução definitiva para o conflito material, pois resolve o processo sem julgar a lide através de uma regra de julgamento, sem se preocupar efetivamente em debater o mérito do conflito.

Isso, verdade seja dita, por uma impossibilidade material de debater o mérito, em razão da ausência de elementos suficientes. Contudo, não se justifica a retirada do direito de ação da parte quando o Judiciário reconhece que não sabe dizer exatamente o direito para o caso concreto. No entanto, tal fato será tratado mais adiante, sendo o foco aqui a ideia do processo coletivo e como é tratado o instituto da Coisa Julgada material.

Retornando, então, além de existir a possibilidade da repropositura da demanda, quando esta for improcedente por falta de prova, retirando a imutabilidade da Coisa Julgada nestas situações, a *contrariu sensu*, a Coisa Julgada, nas hipóteses dos direitos coletivos terá uma extensão diversa da tradicionalmente compreendida.

Neste aspecto é importante destacar a diferenciação de aplicação da extensão da Coisa Julgada quando se tratar de direitos difusos e de quando se tratar de direitos coletivos *stricto sensu*. Vale lembrar a utilização do Código do Consumidor como regra geral do sistema de tutela coletiva.[106]

---

buscada no processo; da verdade com a segurança que dela decorre; e da segurança com a imutabilização do julgado. Ora, diante do quadro probatório desenvolvido nos autos, o juiz pode tomar as seguintes atitudes: convencer-se de que o direito está com alguma das partes e aí formular uma norma jurídica concreta consciente, justa e segura, portanto, legítima para receber o selo da coisa julgada material; ou então permanecer em dúvida acerca de quem se encontra com a razão, caso em que as provas terão sido insuficientes para a formação do seu convencimento (*non liquet*). Contudo, mesmo nesses casos em que o juiz permanece em dúvida ou sem estar convencido, precisa, ainda assim, dar uma decisão de mérito. Para tanto, transferirá a responsabilidade de dar uma decisão incerta para a técnica neutra, fria e distante da distribuição do ônus da prova." (ABELHA RODRIGUES, 2011, p. 210).

[106] DIDIER JR.; ZANETI JR, 2010, p. 366. Na mesma senda, está Elpídio Donizetti e Marcelo Cerqueira: "Até o ano de 1990, o processo coletivo brasileiro era regulado pela Lei da Ação Civil Pública e por leis esparsas tratando de procedimentos especiais. A falta de ligação entre esses diplomas normativos levava à equivocada conclusão de que o Código de Processo Civil, marcadamente individualista, deveria ser aplicado subsidiariamente no tocante aos processos coletivos. Felizmente, em 11 de setembro de 1990, foi promulgado o Código de Defesa do Consumidor, que trouxe normas inovadoras sobre o processo coletivo (arts. 81 a 104) e, ao acrescentar ao art. 21, a LACP, deu origem ao que se tem denominado de *microssistema processual coletivo*.Explica-se. Segundo o referido art. 21 da LACP, 'aplicam-se à defesa dos direitos e interesses difusos, coletivos e individuais, no que for cabível, os dispositivos do Título III [artes. 81 a 104] da Lei que instituiu o Código de Defesa do Consumidor'. Quer isso dizer que a qualquer demanda versando sobre direitos coletivos, em sentido amplo, *independentemente de procedimento* (ação civil pública, ação popular, mandado de segurança coletivo, entre outros), aplicam-se os arts. 81 a 104 do CDC, no que for cabível. Não é por outra

Quando se trata de direito difuso, a Coisa Julgada terá extensão *erga omnes* (art. 103, I, CDC), ou seja, atingirá a toda a coletividade. Quando se tratar de direitos coletivos *stricto sensu*, a eficácia da Coisa Julgada será ultra partes (art. 103, II, CDC).

Primeiramente é de se referir que se trata de um pressuposto lógico que a Coisa Julgada possua efeitos diversos quanto a sua extensão e que atinja todos aqueles que busca tutelar. Assim, naturalmente, deve escapar ao efeito interpartes tradicional. A eficácia subjetiva da Coisa Julgada tradicional é incompatível com o escopo do processo coletivo por natureza.[107] Neste sentido, converge a ideia de Fredie Didier e Hermes Zaneti:

> Como se pode perceber, a opção legislativa, em relação aos direitos difusos e coletivos, foi estabelecer o regime da coisa julgada *secundum eventum probationis*. Em relação aos direitos difusos, optou-se pela coisa julgada *erga omnes*; em relação aos direitos coletivos, *ultra partes*. Bem pensadas as coisas, a coisa julgada é *erga omnes* ou *ultra partes* porque a situação jurídica litigiosa é coletiva. Como se trata de situação jurídica titularizada por um grupo, todo o grupo, e por consequência os seus membros, fica vinculado à coisa julgada. A coisa julgada diz respeito apenas à relação jurídica discutida, que, pelas suas peculiaridades, é uma relação jurídica de grupo. A premissa ajuda a compreender a razão pela qual a distinção entre *ultra partes* e *erga omnes*, no caso, é um tanto cerebrina: a coisa julgada atingirá todo o grupo, e seus membros: se o grupo é composto por pessoas indeterminadas, direito difuso, ou ele é composto por pessoas determináveis, direitos coletivos, é dado sem maior importância, pois a coisa julgada sempre vinculará o grupo e seus membros, de toda

---

razão que o CDC pode ser visto, atualmente, como uma espécie de 'Código de Processo Civil Coletivo', visto que atua como agente unificador e harmonizador do microssistema descrito." (DONIZETTI, Elpídio; MALHEIROS CERQUEIRA, Marcelo. *Curso de processo coletivo*. São Paulo: Atlas, 2010. p. 28).

[107] Conforme refere Sergio Gilberto Porto: "Forçoso, pois, dessa forma, concluir que o interesse coletivo difere da simples soma de interesses individuais, bem como se distingue dos chamados direitos difusos, pois leva por características básicas os seguintes elementos: a) transindividualidade; b) indivisibilidade; c) determinabilidade dos titulares; d) vinculação jurídica dos integrantes da coletividade, e, finalmente, e) existência do interesse coletivo-institucional. Assim sendo, aparecem como entes capazes de expressar interesses coletivos, *verbi gratia*, os partidos políticos os sindicatos, as associações, dentre outros. Sensível à realidade que avança, o direito positivo brasileiro tratou de editar normas que oferecessem proteção jurídica a tais tipos de interesses. Com esse fito, fez nascera lei 4.717/65, que regula a Ação Popular; posteriormente, a Lei 7.347/85, que disciplina a chamada Ação Civil Pública de responsabilidade por danos causados ao meio ambiente, a bens e direitos de valor artístico, estético, histórico, turístico e paisagístico; e a Lei 8.078/90, definida como o Código de Proteção e Defesa do Consumidor. Nesses diplomas, em absoluta dissidência com tudo que até então havia em torno dos limites subjetivos do instituto da coisa julgada, e, muito especialmente, levando em linha de conta que se buscava a proteção jurídica de novos interesses, o legislador rompeu com a secular ideia de que apenas as partes poderiam ser atingidas pela autoridade da coisa julgada, haja vista ter projetado a extensão subjetiva desta para além dos sujeitos da relação jurídica processual ou – para lembrar expressão cunhada por José A. dos Reis – deu 'eficácia expansiva ao caso julgado'. Com efeito, a lei da Ação Popular e a lei da Ação Civil Pública, antes referidas, em seus artigos 18 e 16, respectivamente, admitem a possibilidade de que a sentença fará coisa julgada *erga omnes*, bem assim o Código de Proteção e Defesa do Consumidor (art. 103, inc. I e III). Não bastassem as hipóteses antes elencadas, também admite o referido Código (art. 103, inc. II) a possibilidade de que a sentença adquira a autoridade de coisa julgada ultra partes. Como se vê, procurou o legislador amoldar o instituto da coisa julgada à nova realidade que se lhe apresenta. E aquilo que fez, na verdade, foi vincular a projeção do instituto à causa (PORTO, 2012, p. 292).

sorte, como referimos, trata-se de parâmetro legal. Esse parâmetro irá auxiliar mais adiante na identificação da coisa julgada nos direitos individuais homogêneos.[108]

Ou seja, por uma opção político-legislativa, tem-se então o seguinte regime: a Coisa Julgada quanto aos direitos difusos, terá eficácia *erga omnes*, enquanto a Coisa Julgada referente aos direitos coletivos em sentido estrito terá um eficácia ultrapartes.

Forma absolutamente diversa do que tradicionalmente se verifica sucede quando a extensão subjetiva da Coisa Julgada passa a ser vista em razão do todo ou do grupo sobre o qual irá impor a sua autoridade. Isso, a toda evidência, constitui em mais uma das grandes diferenças existentes entre institutos que são homônimos, mas que, essencialmente, são absolutamente distintos, quais sejam, a Coisa Julgada do processo individual e a Coisa Julgada do processo coletivo.

Contudo, além a Coisa Julgada nos direitos difusos e coletivos *stricto sensu* ser *secundum eventum probationis,* ou seja, depender do esgotamento de provas para poder existir a formação da Coisa Julgada Material, ela é, também, *secundum eventum litis.* Quer isso dizer que, mesmo nos casos de improcedência da demanda em que haja condução probatória suficiente, a Coisa Julgada atingirá apenas o âmbito coletivo da demanda, não afetando, jamais, o direito individual.[109]

A vinculação da sentença dar-se-á apenas nas hipóteses de procedência, jamais na de improcedência, pois, se não for esgotada a possibilidade probatória, todo e qualquer legitimado poderá repropor a demanda. E, da mesma forma, se forem exercidas todas as possibilidades probatórias, ainda assim, o direito individual restará ressalvado, ficando apenas a ação coletiva impedida de ser novamente proposta.

A quebra com a tradição da Coisa Julgada quanto à diversidade de alcance de sua autoridade fica mais do que evidenciada, demonstrando que o processo de tutela coletiva efetivamente operou mudanças radicais no sistema jurídico processual clássico.

3.3.3. Coisa Julgada coletiva – direitos individuais homogêneos

Existe ainda outra categoria que, se não considerada direito coletivo em sua essência, é, pela possibilidade de atingir grande amplitude, equiparada a tal

---

[108] DIDIER JR.; ZANETI JR, 2010, p. 366.

[109] Como destacam Elpídio Donizetti e Marcelo Cerqueira: "Nas hipóteses de improcedência (com ou sem esgotamento de provas), jamais o indivíduo pertencente à comunidade titular de determinado direito difuso ou coletivo em sentido estrito será prejudicado, na esfera individual, pela coisa julgada formada na ação coletiva (art. 103, § 1º, CDC). Logo, mesmo se o pedido formulado na ação coletiva for julgado improcedente com esgotamento de provas, impede-se, em razão dos efeitos negativos da coisa julgada, somente o ajuizamento de nova ação coletiva. Não há preclusão, porém, acerca da possibilidade de se propor ação individual com o mesmo fundamento, haja vista que o objeto desta ação é ontologicamente diverso do daquela." (DONIZETTI; MALHEIROS CERQUEIRA, 2010, p. 360).

categoria. Trata-se dos direitos individuais homogêneos. Novamente, há uma disciplina particular para essa espécie de direitos denominados de acidentalmente coletivos. Estes, diferentemente dos tratados anteriormente, não são em sua essência coletivos,[110] mas, sim, apenas, acidentalmente. Desse modo, assim seriam por terem como marca uma grande diversidade em seu objeto, podendo-se dividir a solução do litígio.

Assim, naturalmente, a Coisa Julgada, que nos direitos essencialmente coletivos é regulada *secundum eventum probationis,* nos direitos individuais homogêneos, deve igualmente ser tratada de forma diversa tanto dos direitos individuais, quanto dos propriamente coletivos. Por esta razão é que, neste caso, a Coisa Julgada desfruta de projeção especialíssima, pois se considera para a formação desta o resultado da causa, definido-a como *secundum eventum litis,* ou seja, em virtude dessa possibilidade, prestigia-se o aproveitamento da decisão, outorgando-lhe eficácia *in utilibus.*

Verdadeiramente, existe certa polêmica (a qual não se entrará no mérito aqui) em que parte da doutrina refere ser necessário dar um tratamento semelhante àquela dispensada aos direitos difusos e coletivos *stricto sensu,* aplicando-se também a ideia de ser a Coisa Julgada *secundum eventum probationis.* Todavia não há qualquer previsão legal que indique esta hipótese para os direitos individuais homogêneos, razão pela qual parece ser mais adequada a manutenção da noção de que se aplica unicamente a Coisa Julgada *secundum eventum litis.*

---

[110] Sobre a distinção entre os direitos essencialmente coletivos e acidentalmente coletivos, vale referir o magistério de Barbosa Moreira: "A nosso ver, dentro do âmbito acima delimitado, cabe estabelecer uma distinção importante. a) Em muitos casos, o interesse em jogo, comum a uma pluralidade indeterminada (e praticamente indeterminável) de pessoas, não comporta decomposição num feixe de interesses individuais que se justapusessem como entidades singulares, embora análogas. Há, por assim dizer, uma comunhão indivisível de que participam todos os interessados, sem que se possa discernir, sequer idealmente, onde acaba a quota de um e onde começa a de outro. Por isto mesmo instaura-se entre os destinos dos interessados tão firme união que a satisfação de um só implica de modo necessário a satisfação de todos; e, reciprocamente, a lesão de um só constitui, ipso facto, lesão a inteira coletividade. Designaremos essa categoria pela expressão "interesses essencialmente coletivos". b) Noutras hipóteses, é possível, em linha de princípio, distinguir interesses referíveis individualmente aos vários membros da coletividade atingida, e não fica excluída a priori a eventualidade de funcionarem os meios de tutela em proveito de uma parte deles, ou até de um único interessado, nem a de desembocar o processo na vitória de um ou de alguns e, simultaneamente, na derrota de outro ou de outros. O fenômeno adquire, entretanto, dimensão social em razão do grande número de interessados e das graves repercussões na comunidade; numa palavra: do "impacto de massa". Motivos de ordem prática, ademais, tornam inviável, inconveniente ou, quando menos, escassamente compensadora, pouco significativa nos resultados, a utilização em separado dos instrumentos comuns de proteção jurídica, no tocante a cada uma das parcelas, consideradas como tais [...] Para distinguir do anteriormente descrito este gênero de fenômeno, falaremos, a seu respeito, de "interesses acidentalmente coletivos". Tratando-se de interesses essencialmente coletivos, em relação aos quais só é concebível um resultado uniforme para todos os interessados, fica o processo necessariamente sujeito a uma disciplina caracterizada pela unitariedade [...] Já nos casos de interesses acidentalmente coletivos, uma vez que em , princípio se tem de admitir a possibilidade de resultados desiguais para os diversos participantes, a disciplina unitária não deriva em absoluto de uma necessidade intrínseca Pode acontecer que o ordenamento jurídico, por motivos de conveniência, estenda a essa categoria, em maior ou menor medida, a aplicação das técnicas da unitariedade; esse, porém, é um dado contingente, que não elimina a diferença, radicada na própria natureza das coisas." (BARBOSA MOREIRA, José Carlos. *Litisconsórcio unitário.* Rio de Janeiro: Forense, 1972).

Para melhor esclarecer como ocorre a operação da Coisa Julgada *secundum eventum litis* nos direitos individuais homogêneos, algumas considerações são necessárias. Destaca-se que, no presente caso, o que se denomina de Coisa Julgada *secundum eventum litis in utilibus* é algo que também pode operar na Coisa Julgada *secundum eventum probationis,* mas que a doutrina apenas identifica na primeira.

Trata-se da ideia existente no art. 103, §§ 1º e 2º, do CDC. A única sentença que vincula as partes é a de procedência, pois, por óbvio, foi exitosa pretensão. Ou seja, se a sentença for útil aos jurisdicionados, esta estará acobertada pela autoridade da Coisa Julgada.

Importante destacar que o §2º do supramencionado artigo faz a ressalva de que apenas aqueles que não participaram como litisconsortes na demanda coletiva é que não terão seu direito individual atingido pela autoridade da Coisa Julgada. Trata-se, evidentemente, de ideia absolutamente razoável, pois nesta hipótese, o direito individual estava sendo exercido simultaneamente, não tendo restado desprotegido ou malrepresentado perante a presença direta do interessado no feito.

Mas, como bem esclarece Daniel Amorim Assumpção Neves, nas demais hipóteses, a Coisa Julgada *secundum eventum litis* será, efetivamente, *in utilibus*:

> Segundo previsão do art. 103, §1º, do CDC, os efeitos da coisa julgada previstos nos incisos I e II do mesmo dispositivo legal não prejudicarão interesses e direitos individuais dos integrantes da coletividade, do grupo, classe ou categoria, em regra também aplicável ao inciso III. Significa que, decorrendo de uma mesma situação fática jurídica consequência no plano do direito coletivo e individual, e sendo julgado improcedente o pedido formulado em demanda coletiva, independentemente da fundamentação, os indivíduos não estarão vinculados a esse resultado, podendo ingressar livremente com suas ações individuais. A única sentença que os vincula é a de procedência, porque esta naturalmente os beneficia, permitindo-se que o indivíduo se valha dessa sentença coletiva, liquidando-a no foro de seu domicílio e posteriormente executando-a, o que o dispensará do processo de conhecimento. A doutrina fala em coisa julgada *secundum eventum litis in utilibus*, porque somente a decisão que seja útil ao indivíduo será capaz de vinculá-lo a sua coisa julgada material.[111]

A ideia de submeter a autoridade da Coisa Julgada ao resultado da demanda (*secundum eventum litis*) ou ao esgotamento das provas (*secundum eventum probationis*) tem, por razão histórica, impedir, como já exposto anteriormente, que os titulares dos direitos sejam individualmente prejudicados por uma eventual má representação.

Claro que não se imagina que a representação pelo ente legitimado será ruim, no entanto, não é possível, em especial pelo sistema em que se vive, cogitar a possibilidade de prejudicar um terceiro que não se envolveu diretamente

---

[111] ASSUMPÇÃO NEVES, 2012, p. 321-322.

na demanda. Da mesma forma, também, não é impossível visualizar alguns equívocos na eventual representação de direitos coletivos.

Assim, em nome da prudência, é que foram ressalvados os direitos individuais, os quais podem ser exercidos posteriormente, pois não vinculados em caso de improcedência da demanda coletiva. Esta ideia, no entanto, não está livre de críticas, existindo vozes na doutrina que apregoam o abandono da Coisa Julgada *secundum eventum litis* ou da própria coexistência desta com a ideia de controle judicial da atuação adequada.[112]

Independentemente de que posição se adote, hoje, vigora no sistema a ideia de que existe a Coisa Julgada *secundum eventum litis in utilibus*. Todavia, é de se destacar que não apenas a Coisa Julgada *secundum eventum litis* é que contempla essa ideia de ser vinculativa apenas quando procedente a demanda.

Com efeito, ao analisar a ideia da Coisa Julgada *secundum eventum probationis*, esta, ao fim e ao cabo, também, desfruta de idêntico tratamento porque, quando ocorrer a improcedência da demanda por falta de provas, o que restará inviabilizado é nova demanda coletiva, jamais a demanda individual.

---

[112] Elpídio Donizetti e Marcelo Cerqueira fazem levantamento das vozes da doutrina sobre o assunto e posicionam-se, ao final, pela ideia de abandono da Coisa Julgada *secundum eventum litis:* "Assim como o controle judicial da atuação adequada, a extensão da coisa julgada conforme o resultado da lide (secundum eventum litis), prevista no art. 103, III, do CDC, tem por objetivo evitar que uma má atuação do substituto na demanda coletiva prejudique centenas, milhares ou até milhões de indivíduos. Portanto, se julgado improcedente o pedido formulado na ação coletiva versando sobre direitos individuais homogêneos, nada impede que o membro do grupo proponha ação com o mesmo fundamento, porém no plano individual. Diversa é a solução norte-americana. Naquele ordenamento, há um rigoroso controle judicial da adequação da atuação do substituo na defesa da massa titular do direito coletivo, o que não deixa espaço para a extensão da coisa julgada *secundum eventum litis*. Em outras palavras, é combatido de outra forma o fundamento (eventual incompetência ou negligência do substituto) que aqui serve de sustentáculo para a extensão da coisa julgada conforme o resultado da lide, de maneira que a coisa julgada formada na via coletiva estende-se a todos os membros da classe independentemente do resultado do julgamento do litígio (extensão pro et contra da coisa julgada). Esse mecanismo é reforçado pela notificação ampla (fair notice) da demanda coletiva a todos os membros da classe, bem como, quando o tipo de ação de classe permitir, pela garantia do direito do indivíduo se autoexcluir da demanda coletiva (right to opt out). Confrontando ambos os sistemas, a primeira impressão que se tem é de que a sistemática da coisa julgada conforme o resultado da lide adapta-se melhor à realidade brasileira do que o controle judicial da atuação adequada aliado à extensão da coisa julgada independentemente do resultado. Muitos estudiosos do tema, de fato, já se posicionaram nesse sentido, defendendo a opção do legislador brasileiro em virtude da 'deficiência de informação completa e correta, a ausência de conscientização de enorme parcela da sociedade, o desconhecimento dos canais de acesso à justiça, [e] a distância existente entre o povo e o Poder Judiciário'. Porém, como já visto, boa parte da doutrina passou a defender recentemente a aplicabilidade de *lege data* do controle judicial da atuação adequada. Essa nova posição da doutrina deu origem a duas correntes de pensamento a saber: 1º) existência, no ordenamento atual, apenas da extensão da coisa julgada de acordo com o resultado da lide (*secundum eventum litis)*, que não se compatibiliza com o controle judicial restritivo da atuação adequada. Trata-se de posição defendida por, exemplo, por Ricardo de Barros Leonel e Marcelo Abelha. 2ª) Coexistência, no ordenamento vigente, da extensão da coisa julgada de acordo com o resultado da lide (*secundum eventum litis)* e do controle judicial da atuação adequada. É a opinião de Ada Pellegrini Grinover, Fredie Didier Jr. e Hermes Zanetti Jr., Antonio Gidi e outros. Concordamos com a segunda corrente, segundo a qual o controle judicial da representação (*rectius:* atuação) adequada coexiste no ordenamento jurídico vigente com a extensão da coisa julgada de acordo com o resultado da lide. Todavia, de *lege ferenda*, parece melhor o abandono da extensão da coisa julgada *secundum eventum litis*." (DONIZETTI; MALHEIROS CERQUEIRA, 2010, p. 366-367).

Portanto, apenas será vinculante quando ocorrer a procedência da demanda coletiva, hipótese em que, então, terá atendido aos interesses da coletividade não identificável ou do grupo, classe ou categoria identificável.

3.3.4. Da Coisa Julgada no processo civil individual – conceito, características e diferenciação da Coisa Julgada coletiva

A Coisa Julgada é instituto quase tão antigo quanto o próprio direito. Evidente que não da forma que hoje é compreendida, mas suas raízes estão diretamente relacionadas ao início dos ordenamentos jurídicos.[113] A busca pela estabilidade das relações sempre foi um primado dos Estados juridicamente organizados.

Naturalmente que a evolução da ciência determina a adequação dos institutos aos clamores sociais da época em que se encontra. Não outra é a razão para, na hodiernidade, por exemplo, ter-se evoluído na diferenciação da Coisa Julgada Coletiva para a Coisa Julgada individual.

A Coisa Julgada (aplicável ao processo coletivo), apesar da identidade de denominação, é absolutamente diferente da Coisa Julgada concebida para o processo individual no que diz respeito à sua área de incidência. Possuem pontos em comum, é verdade. E assim teria de ser tendo em vista que Coisa Julgada coletiva é nada mais uma evolução ou uma decorrência da Coisa Julgada construída para aplicação no processo individual. Não há como separar de forma absoluta uma da outra. Porém possuem aspectos ideológicos que são incompatíveis em sua gênese, razão pela qual uma tomou certo caminho e a outra seguiu caminho diverso.

Verdadeiramente, possuem naturezas conflitantes em sua ideologia por tratarem de universos diferentes do processo e dos direitos que o processo visa tutelar. Como se sabe, uma cuida dos interesses individuais (para os quais todo o ordenamento jurídico codificado foi desenhado pelo legislador, razão pela

---

[113] Como refere Antônio do Passo Cabral: "As raízes históricas da coisa julgada são muito, muito antigas. Alguns autores afirmam que já havia esboços da estabilidade da sentença no direito babilônico em obras datadas de 1753 a.C., ou seja, de cerca de 3700 anos atrás. Mas foi o instituto romano da *res iudicata* que irradiou suas características e fixou a terminologia enraizada no direito ocidental contemporâneo. O termo latino influenciou as expressões italiana (*cosa giudicata*) e francesa (*chose jugée*), assim como a nomenclatura da língua portuguesa: coisa julgada (Brasil) ou caso julgado (Portugal). Os ordenamentos de origem germânica (Alemanha, Áustria e Suíça) denominam a coisa julgada 'força jurídica' (*Rechtskraft*). A palavra 'força' é adotada também na Escandinávia e encontra aqui e ali, alguma referência em outros países, embora o termo proporcione diversas incompreensões, já que, na língua alemã, o vocábulo *Kraft* pode também assumir o significado de 'validade', 'vigência', tanto de uma lei, como de contratos. Já os sistemas jurídicos do *commom Law*, de tradição anglo-americana, sempre utilizaram a própria expressão latina res iudicata, ainda que modernamente, como veremos a seu tempo, tenham começado a fundir a terminologia com o estudo das preclusões: a coisa julgada seria a 'preclusão da causa' ou 'preclusão da demanda' *(claim preclusion)* e as preclusões de outras questões são chamadas de *issue preclusions*." (PASSO CABRAL, Antonio do. Coisa julgada e preclusões dinâmicas: entre continuidade, mudança e transição de posições processuais estáveis. Salvador: Juspodium, 2013. p. 50-51).

qual a necessária adaptação dos institutos posteriormente); enquanto a outra se encontra em âmbito distinto, procurando guarida nos direitos coletivos (ou tutela coletiva dos direitos individuais), que naturalmente necessitam adaptação, não apenas da Coisa Julgada, mas também de outros institutos processuais para que possam outorgar verdadeira efetividade.

Ainda assim, para melhorar compreender as características tanto de uma quanto de outra, um cotejo, mesmo que breve, deve ser estabelecido. Destarte, já expostas as principais características da Coisa Julgada coletiva, agora, é necessário apontar algumas facetas importantes que constroem o ideal e os propósitos que transformam a Coisa Julgada individual em um dos pilares do Estado constitucional.

Ainda que aqui e ali se debatam os desdobramentos da Coisa Julgada, não há qualquer dúvida de que possua papel fundamental no processo, além de ser aspecto basilar para o Estado Democrático de Direito, dessa maneira, evitando arbitrariedades, sendo, inclusive, fundamental para a garantia de separação dos poderes.[114] Outrossim, é um elemento fundamental para que o Estado possa firmar seu poder de império.

Também não há qualquer dúvida de que as discussões e as próprias inconformidades devem, em algum ponto, atingir um ponto final. É absolutamente impossível a convivência com a perene incerteza e com a infindável continuação dos debates judiciais. Fosse diferente, a inviabilidade da convivência social estaria estabelecida, da mesma forma que a força estatal nada poderia fazer para cumprir com aquilo que decidiu, haja vista a eterna possibilidade de discussão.

Assim, a Coisa Julgada (agora se tratando daquela que opera na seara individual) não é apenas um instituto importante, mas é, na realidade, pressuposto para existência de um sistema jurídico organizado e sustentável. A sua vinculação ao princípio da segurança jurídica é inquestionável e sempre bem destacada pela doutrina.[115] Contudo, além disso, a Coisa Julgada possui estreita

---

[114] É de se destacar a ideia de Robert Casad e Kevin Clermont: "Given that res judicata plays a key role in procedure, judicial operation, separation of powers, federalism, and international law, it is naturally a dificult subject. Moreover, like any policy, it has its costs as well as its benefits. As to obvious costs, one readily perceives that litigating about wheter to relitigate is expensive, and some applications of the doctrine do seem outrageously unfair. Often frustrated students and other victims of res judicata, after realizing its difficulties and lamenting its costs, ask whether we would be better off without res judicata. Yet one must acknowledge that this question itself is nonsensical. Our legal system could not exist without res judicata. Sure, the system could lop off some extensions and some details of res judicata. But the essence of res judicata – its mission of defining adjudication – is nonoptional." (CASSAD, Robert C.; CLERMONT, Kevin M. *Res Judicata – A handbook on its theory, doctrine, and practice.* Durham: Carolina Academic Press, 2001. p. 5).

[115] O magistério de Paulo Roberto de Oliveira Lima deve ser destacado: "O instituto da coisa julgada é obrigatório em qualquer sistema jurídico. Submeter matérias à apreciação do Judiciário pressupõe que haja uma resposta final. E não se deve esperar que a definitividade da resposta decorra da satisfação dos litigantes, convencidos da excelência do julgado. A realidade tem demonstrado que, salvo poucas exceções, ninguém se convence do acerto das decisões desfavoráveis obtidas em juízo. No mais das veze a derrota é atribuída a erro do juiz, quando não a eventual desonestidade. Em outros casos, culpa-se o advogado certamente inepto, ou a ineficiente colheita de provas. Fosse possível às partes litigarem indefinidamente, e elas o fariam, exigindo nova apreciação do assunto, a cada derrota. Não se acham com facilidade entre os homens exemplos

vinculação com outro direito de assento constitucional que nem sempre é bem refletido. É, outrossim, um reflexo do próprio direito de ação, uma vez que este direito busca garantir ao cidadão a possibilidade de trazer o debate acerca da existência ou não do seu direito para apreciação do judiciário. E se possui este direito de assento constitucional, a consequência lógica é que eventualmente tal debate tenha uma solução definitiva com intuito de finalizar a discussão, oferecendo à parte vencedora a segurança de que seu direito está definido e não mais será questionado.[116]

Não existem dúvidas de que, em algum momento, o direito deve se tornar indiscutível e inquestionável, esta é a opção política do Estado, ou seja, em certo momento, lançar um basta, dessa maneira, consolidando determinada situação jurídica. Qualquer sistema jurídico que aspire ser respeitado deve impor, em verdadeira demonstração de força estatal através do ato do Estado-juiz, o fim da demanda em determinado ponto. A equação que, no entanto, deve ser atendida é a de não tornar demasiado severo o sistema a ponto de impor que em qualquer situação, bem ou mal julgada, o jurisdicionado perderá o poder de debate. Da mesma forma, não pode, sob a mera alegação de ser injusta uma decisão, ser desconsiderada a decisão do Estado-juiz.

Vale lembrar que, em todos os Estados totalitários, a relativização da Coisa Julgada se dava de forma absolutamente tranquila sempre que eventual decisão contrariava determinado interesse estatal. Assim, neste sentido, é que se impõe dar força a Coisa Julgada para propiciar verdadeira segurança.

Em suma, a sede pela segurança não pode ser maior que a fome pela justiça, assim como a fome pela justiça não pode ser maior que a sede pela segurança. Ambas devem andar de forma harmônica para assim se criar um sistema que atenda as necessidades da sociedade.[117]

---

de analista desapaixonado que, lendo uma sentença prolatada contra seus interesses, exclame: é verdade, eu não tinha direito! Excelente sentença!" OLIVEIRA DE LIMA, Paulo Roberto. *Contribuição à teoria da coisa julgada*. São Paulo: Revista dos Tribunais, 1997. p. 13-14. E também vale referir a lição de Eduardo Talamini: "A coisa julgada é instituto vinculado ao princípio geral da segurança jurídica. Mereceu expressa menção no texto constitucional, no rol dos direitos e garantias fundamentais: 'A lei não prejudicará o direito adquirido, o ato perfeito e a coisa julgada' (CF, art. 5ª, XXXVI)." (TALAMINI, Eduardo. *Coisa julgada e sua revisão*. São Paulo: Revista dos Tribunais, 2005. p. 50).

[116] Como afirma Marinoni: "Direito fundamental à tutela jurisdicional significa, além de direito a uma decisão que resolva o litígio tomando em consideração os argumentos e provas e direito à preordenação das técnicas processuais idôneas à obtenção da tutela do direito material, direito à obtenção de uma tutela jurisdicional indiscutível e imutável. A parte vencedora, em razão do seu direito fundamental de ação, tem direito a uma tutela jurisdicional estável, que não possa ser modificada por ato do próprio Estado, inclusive e especialmente de natureza jurisdicional." (MARINONI, Luiz Guilherme. *Coisa julgada inconstitucional*. São Paulo: Revista dos Tribunais, 2008. p. 62).

[117] Neste sentido, interessante referir o que expõe Antônio do Passo Cabral, que propõe debate sobre o tema: "nas discussões sobre a desconsideração da coisa julgada, constantemente vemos argumentos baseados nos escopos processuais de 'consecução de justiça' dentre eles a constante citação de que o processo 'não pode eternizar injustiças graves'. Os defensores da tese da relativização afirmam a todo tempo que 'a segurança jurídica não pode ser um valor absoluto' e que valores como legalidade, moralidade e justiça estão 'acima' da segurança jurídica. Bom, ninguém nega que as decisões judiciais devam ser, tanto quanto

Parece evidente que defender, por exemplo, a chamada relativização da Coisa Julgada com base em alegada "injustiça" se apresenta inviável. A injustiça, e aqui é apenas repetir o que já se sabe, é conceito, talvez, mais abstrato do que qualquer outro, isso porque a justiça de cada um não é, necessariamente, a justiça pregada pelo Estado-juiz, que é terceiro imparcial apto e legitimado a exercer o papel de julgador.

Os critérios para a criação de situações nas quais se permita a inexistência ou relativização da Coisa Julgada material devem ser objetivos, e não se pode deixar nas mãos exclusivamente do juiz tal arbítrio, sob pena de desestabilizar todo o sistema. Contudo a equação impõe que sejam considerados critérios objetivos para uma situação subjetiva, o que torna de difícil resolução o tema.

Mesmo sendo tema dos mais tormentosos, ainda é possível verificar formas de se combater injustiças sem que se recaia totalmente na subjetividade. Em razão disso é que se questionará se, efetivamente, está correta a ideia de conferir a autoridade de Coisa Julgada material à sentença ou acórdão que julga determinada demanda improcedente pela insuficiência de provas. Isto, contudo, será foco de debate mais adiante, todavia, parece existir um equívoco no sistema quando impõe a possibilidade de formação de Coisa Julgada sobre decisão que, em realidade, não analisou o mérito da causa.

A despeito deste debate, que será posteriormente aprofundado, inexiste na doutrina unanimidade quanto à questão de qual seria o fundamento jurídico da Coisa Julgada.[118] No entanto, quanto ao fundamento político-filosófico

---

possível, justas e corretas. Não obstante, gostaríamos de salientar, de um lado, a ausência de precisão conceitual sobre o que é 'injustiça', que levou o legislador do Código de 1939 a rejeitar expressamente (art. 800) a rescindibilidade fundada na 'injustiça da sentença'. E, de outro, uma falta de compreensão do que entende por segurança jurídica, e como seu aspecto garantístico deveria ser atuado. Ambos os problemas convergem na conhecida tensão existente entre um sistema preclusivo e o valor 'justiça', que, nas teses sobre coisa julgada inconstitucional, quase não é abordado cientificamente. Fale-se inicialmente da imprecisão sobre o conceito de 'injustiça'. Uma objeção que muitos autores lançam à tese da relativização é a ausência de uma concepção clara do que seria 'justiça' ou 'injustiça'. Theodoro Jr., defendendo-se das críticas, afirma que não pretende desconsiderar a coisa julgada apenas com base na injustiça da sentença, mas 'num tipo de injustiça muito mais grave do que o decorrente da ilegalidade ou da contravenção ética. Trata-se da vulneração, pela sentença, de algum preceito ou mandamento constitucional. Sérgio Gilberto Porto afirma que o remédio seria aplicável quando estivéssemos diante de 'extrema injustiça' ou 'vícios insuportáveis'. Ora, o parâmetro da 'gravidade' da 'injustiça', apta a permitir a quebra, levaria certamente a uma imensa abertura à potencial revisão da coisa julgada, com poucas restrições teórico-doutrinárias, conferindo assim amplos poderes ao juiz para decidir, sem critérios, quando seria possível ignorar a estabilidade adquirida. De fato, não podemos deixar totalmente ao talante do juiz, pelo evidente risco de arbítrio, decidir quando deve haver desconsideração da coisa julgada. Lembremos que a quebra discricionária da *res judicata* sempre esteve associada a regimes autoritários. De outro lado, cabe perquirir qual a compreensão da segurança jurídica no ordenamento processual, indagando se a segurança jurídica no ordenamento processual, indagando se a segurança deve ser um *meio* para a proteção de direitos ou é ela própria um direito a ser protegido, isto é, a segurança jurídica é funcional e deve ter algum outro valor final a ela atribuído, ou tem valor em si apenas porque assegura outros bens (quaisquer que sejam, certos ou errados)? A resposta será naturalmente decisiva para vermos se e como o valor 'justiça' deverá entrar nas considerações sobre a quebra da coisa julgada." (PASSO CABRAL, 2013, p. 165-166).

[118] Como exemplo, pode-se mencionar a ideia de Manoel Aureliano de Gusmão: "O instituto da coisa julgada, que promana da tradicional e vetusta regra (*vetus preverbium*) já fixada pelos Romanos anteriormente à lei

pouco dissenso existe, reinando a ideia de que necessariamente deve se conferir estabilidade às decisões entregando desta forma segurança jurídica[119] aos jurisdicionados, verdadeiros alvos da prestação do serviço judiciário.

Como sói acontecer, a definição de institutos jurídicos se constitui em árdua tarefa. Desta forma, é válido referir, desde este momento, que a Coisa Julgada possui conceito que vai além daquilo que previu o legislador e que transcende a própria soma dos seus vocábulos.

A definição de Coisa Julgada é mais profunda que a mera soma dos termos "coisa" e "julgada". A soma destes termos, longe de uma hermenêutica adequada, nada significa. Vale, assim, trazer a lição de Sergio Gilberto Porto, que traduz a soma dos vocábulos:[120]

> Na acepção literal dos vocábulos, pareceria, aos menos avisados, que *coisa* significa *objeto*. Todavia, não é essa a noção jurídica que traduz e, sim, a de uma medida de valor que pode ser objeto do direito ou até mesmo a noção de bem ou de relação jurídica. O adjetivo julgada, por seu turno, qualifica a matéria que foi objeto de apreciação judicial. Como se vê, a definição de coisa julgada envolve algo mais que a simples soma de seus termos, pois representa um conceito jurídico que qualifica uma decisão judicial, atribuindo-lhe autoridade e eficácia. Trata-se, em suma, daquilo que, para os alemães, é expresso por rechtskraft, ou seja, direito e força, força legal, força dada pela lei.

Assim, por diferir da soma de seus termos e por não se localizar, nos mais diversos idiomas, vocábulo capaz de traduzir a concepção do instituto, é dada aos cientistas jurídicos a árdua missão de trazer para o mundo dos fatos um conceito que possa satisfazer o sistema e seus jurisdicionados. A construção do

---

das doze taboas – *(de eadem re ne sit actio)* – tem como intuito da prescripção, o seu fundamento na ordem pública, cuja manutenção requer que não se perpetuem a incerteza e a instabilidade da relações de direito. A inseguridade dos direitos seria a implantação da anarchia, a completa desorganização da vida social. Para fugir a esse mal, tem-se reconhecido, quase que universalmente, ser imprescindível estabelecer na lei e assegurar, de modo positivo e irreragavel, que as decisões e sentenças proferidas pelos juízes e tribunaes, nos processos que lhes são submettidos, sejam recebidas e acatadas pelas partes contendoras como sendo a expressão da verdade, dando-se-lhe fiel e inteiro cumprimento, e que não possam ser indefinidamente renovadas as questões e demandas já uma vez decididas de modo definitivo" (AURELIANO DE GUSMÃO, Manoel. *Coisa julgada*. São Paulo: Saraiva, 1922. p. 8).

[119] Sobre a segurança jurídica, vale mencionar a lição trazida a conhecimento pela pena de Humberto Ávila: "A segurança jurídica pode, da mesma forma, denotar uma asserção sobre um estado desejável, isto é, de um estado que seja qualificado como digno de ser buscado, por razões sociais, culturais ou econômicas, porém não especificamente por uma imposição normativa. Desse modo, o uso da expressão 'segurança jurídica' denota um *juízo axiológico* concernente àquilo que se julga bom existir de acordo com determinado sistema de valores. A frase 'um ordenamento previsível é muito melhor para o desenvolvimento econômico que um imprevisível' denota que a segurança jurídica é um valor substancial da vida humana. Ainda, a segurança jurídica revela um valor igualmente porque apresenta as notas gerais dos valores, como implicação bipolar, referibilidade, preferibilidade, hierarquia, incomensurabilidade, inexauribilidade, objetividade e historicidade. A segurança jurídica, dentro de uma concepção axiológica, pode igualmente denotar um ideal político, como ideal de justiça ou de política do Direito com o qual determinado ordenamento possa ser cotejado. Nessa acepção, ela pode ser utilizada para mensurar o grau de aproximação dos ordenamentos jurídicos àquele ideal." ÁVILA, Humberto. *Segurança Jurídica – Entre Permanência, Mudança e Realização no Direito Tributário*. São Paulo: Malheiros, 2011. P. 114-115.

[120] PORTO, Sérgio Gilberto. *Coisa julgada civil*. 4. ed. São Paulo: Revista dos Tribunais, 2011. p. 56.

conceito, no entanto, como se pode imaginar, é tarefa ingrata, mas que ainda assim deve ser preenchida. Não por outra razão que diversos juristas partiram na tentativa de conceituá-la, porém, chegando a termos, muitas vezes, semelhantes, mas dificilmente idênticos. Isso tudo também dependendo do momento, pois sabe-se que a evolução da ciência leva à evolução dos conceitos, o que torna, de certa forma, a geração que vive determinado momento histórico refém dos conceitos estabelecidos para aquele momento. É possível identificar diversos conceitos,[121] os quais, para demonstrar a diversidade existente, torna-se válido referir.

Eduardo Couture, de seu turno, entendeu que "tratando, pues, de definir el concepto juridico de cosa juzgada, luego de tantas advertencias preliminares, podemos decir que es la autoridad y eficacia de una sentencia judicial cuando no existen contra ella medios de impugnación que permitam modificarla".[122]

Celso Neves, de sua parte, compreende da seguinte forma: "coisa julgada é o efeito da sentença definitiva sobre o mérito da causa que, pondo termo final a controvérsia, faz imutável e vinculativo, para as partes e para os órgãos jurisdicionais, o conteúdo declaratório da decisão judicial".[123]

José Frederico Marques entende que "a coisa julgada é a qualidade dos efeitos da prestação jurisdicional entregue com julgamento final da *res in judicium deducta*, tornando-os imutáveis entre as partes".[124]

Já Ovídio Baptista da Silva defende que "se pode defini-la como a virtude própria de certas sentenças judiciais, que as faz imunes às futuras controvérsias, impedindo que se modifique, ou discuta, num processo subsequente, aquilo que o juiz tiver declarado como sendo 'a lei do caso concreto'".[125]

Assim, a Coisa Julgada representa, em termos simples, a indiscutibilidade da situação jurídica estabelecida judicialmente pelo Estado-juiz para determinada demanda, decorrente da impossibilidade de apresentação de novos recursos.

Por ora, é possível verificar que existe semelhança entre a Coisa Julgada individual e Coisa Julgada chamada de coletiva. Isso em razão de ambas se constituírem na indiscutibilidade da situação jurídica decorrente de decisão jurisdicional em face da impossibilidade de nova impugnação recursal.

---

[121] Para Ugo Rocco, por exemplo: "Per cosa giudicata intendiamo la questione Che há costituito oggetto de um giudizio logico della parte degli organi giurisdizionali, cioè uma questione su cui è intervenuto un giudizio che la risolve, mediante l'applicazione della norma generale al caso concreto, e che appunto perchè há costituito oggetto di un giudizio lógico, dicesi diugicata" (ROCCO, Ugo. *Trattato di diritto processuale civile, II*. Torino: UTET, 1966. p. 296).

[122] COUTURE, 1977, p. 401.

[123] NEVES, Celso. *Coisa julgada civil*. São Paulo: Revista dos Tribunais, 1971. p. 443.

[124] MARQUES, José Frederico. *Instituições de direito processual civil*. Rio de Janeiro: Forense, 1960. v. 1, p. 29.

[125] BAPTISTA DA SILVA, 2000, p. 483.

Onde estão efetivamente as grandes diferenças entre uma e outra, e que aí se perceberá também uma afetação, talvez no próprio conceito de uma e de outra, é nos efeitos e na sua extensão. Como já demonstrado, a extensão e os efeitos da Coisa Julgada Coletiva estão de acordo com a necessidade de tutela dos direitos coletivos em sentido amplo. A Coisa Julgada individual, em oposição, preocupa-se, unicamente, com estabilização do direito entre as partes, estendendo, eventualmente, sua autoridade, e não seus efeitos, a terceiros que não participaram da demanda, como por exemplo o substituído processualmente ou o sucessor *causa mortis*.

Enquanto uma impede que se devolva ao debate a questão, seja ela bem ou mal apreciada, a outra opera de forma diversa. A Coisa Julgada coletiva não impõe sua autoridade a não ser que o mérito tenha sido efetivamente analisado através de uma cognição exauriente, ou seja, com a plena produção e análise das provas.

Se, pela compreensão do magistrado, a demanda não possui elementos suficientes para que se crie convicção plena sobre o mérito da causa, esta será improcedente, é verdade, mas não se impedirá que nova demanda seja ajuizada. Há o reconhecimento que não se pode prejudicar o jurisdicionado quando o próprio judiciário não pode dizer, de forma clara, a quem pertence o direito. E assim se constata a existência de grande diferença em aspectos absolutamente relevantes e que devem ser explorados, também, sob a perspectiva da Coisa Julgada destinada ao indivíduo, ficando, finalmente, clara a diferença entre uma e outra.

3.3.4.1. Coisa Julgada como autoridade

Como já exposto, o propósito final da Coisa Julgada é evitar um Estado de contínua incerteza, acabando com a possibilidade de eternizar as demandas, assim, viabilizando a continuação da vida em sociedade. A Coisa Julgada nada representaria se não fosse revestida da autoridade com que se apresenta no mundo jurídico. Conferir autoridade a este instituto é dar-lhe a capacidade para se impor, é dar-lhe força jurídica, é, ao fim, o que a diferencia de um mero parecer jurídico. A sentença, após o trânsito em julgado, possui o poder de *imperium*[126] do Estado. Essa possibilidade de impor a terceiros um dever,

---

[126] Sergio Gilberto Porto leciona: "Com efeito, para a perfeita compreensão daquilo que significa, por si só, essa característica chamada *autoridade*, que é outorgada à coisa julgada, parece adequado partir de uma possibilidade aceitável no sistema processual vigente. Assim, imagine-se, pois, a existência de uma sentença judicial e de um parecer de um jurisconsulto. Tanto aquela, quanto este são eficazes, respeitadas seus propósitos, na medida em que eficácia não se confunde com autoridade. Todavia, apenas a sentença, após o trânsito em julgado, se impõe como ato de *imperium* do Estado, ao passo que o parecer, por mais qualificado que seja, carece de tal qualidade. Essa virtualidade da sentença, definida por Liebman como uma qualidade, representa a possibilidade de a sentença se impor perante todos, sendo definida pela noção que advém do próprio vocábulo *autoridade* – do latim *auctoritas*, representando o poder do *auctor*, de se fazer obedecer." (PORTO, 2011, p. 59).

uma obrigação, é o que Liebman define como autoridade, o poder de se fazer obedecer.[127]

Assim a autoridade decorre, sem dúvida, da estatalidade do ato. Dois fundamentos emergem para justificar a autoridade da Coisa Julgada. Um de natureza política e outro de natureza jurídica. O primeiro, o de natureza política, é uma opção feita, pelo Estado, de que, em algum momento, o debate deve chegar ao fim. Justa ou injusta, correta ou incorreta, esgota-se a possibilidade de discussão. O segundo, de natureza jurídica e como consequência do primeiro, foi a incorporação, ao sistema constitucional-processual, da opção de prestigiar a Coisa Julgada.

De tudo, apreende-se, então, que somente será conferida autoridade de Coisa Julgada no processo coletivo quando a decisão estiver favorecendo a tutela do direito coletivo ou quando tiver sido improcedente com a análise total das provas (hipótese em que o direito individual de ação resta preservado). Diferentemente do que ocorre na tradicional concepção da Coisa Julgada individual, em que a sentença, procedente ou improcedente (com suficiência ou não de provas), ver-se-á revestida com a autoridade da Coisa Julgada. Ademais, é possível perceber também que a autoridade da *res judicata* coletiva, em caso de improcedência com exame total de provas, só poderá ser imposta em desfavor da entidade que ajuizou a demanda. Assim, se procedente, todos os beneficiados poderão utilizar-se dela para buscar o cumprimento do comando sentencial.

Desse modo, a realização de que há diferença substancial na autoridade da Coisa Julgada individual e da coletiva demonstra que ambas possuem distinções importantes e que devem ser bem destacadas para a melhor compreensão do instituto e de suas diferentes facetas.

A eficácia, por sua vez, está mais ligada à sentença,[128] por conseguinte, não se tecerão maiores comentários a seu respeito. Já a autoridade se apresenta

---

[127] Conforme Liebman: "Assim, a eficácia de uma sentença não pode por si só impedir o juiz posterior, investido também ele da plenitude dos poderes exercidos pelo juiz que prolatou a sentença, de reexaminar o caso decidido e julgá-lo de modo diferente. Somente uma razão de utilidade política e social – o que já foi lembrado – intervém para evitar esta possibilidade, tornando o comando imutável quando o processo tenha chegado à sua conclusão, com a preclusão dos recursos contra a sentença nele pronunciada. Nisso consiste, pois, a autoridade da coisa julgada, que se pode definir, com precisão, como a imutabilidade do comando emergente de uma sentença. Não se identifica ela simplesmente com a definitividade e a intangibilidade do ato que pronuncia o comando; é, pelo contrário, uma qualidade, amis intensa e mais profunda, que reveste o ato também em seu conteúdo e torna assim imutáveis, além do ato em sua existência formal, os efeitos, quaisquer que sejam, do próprio ato". (LIEBMAN, Enrico Tullio. *Eficácia e autoridade da sentença e outros escritos sobre a coisa julgada.* Trad. Alfredo Buzaid e Benvindo Aires. 4. ed. Rio de Janeiro: Forense, 2006. p. 51).

[128] Como destaca Luiz Dellore: "Em poucas palavras, eficácia da sentença é a aptidão que tal ato processual dispõe para gerar efeitos. E, como já vimos, efeito é a própria consequência de determinado ato. No caso, efeitos da sentença são as alterações que tal ato produz na realidade jurídica. Portanto, há clara correlação entre eficácia e efeitos." (DELLORE, Luiz. *Estudos sobre coisa julgada e controle de constitucionalidade.* Rio de Janeiro: Forense, 2013. p. 43).

como uma característica da Coisa Julgada. Característica esta que impõe, face ao poder de império do Estado, a imutabilidade da decisão proferida.

3.3.4.2. Limites subjetivos e objetivos da Coisa Julgada

Questão muito importante e que também possui sensível distinção entre a Coisa Julgada individual e a coletiva é quanto aos seus limites e também no tocante à sua extensão. Os limites subjetivos estão ligados à ideia de definir quem está sujeito à autoridade da coisa Julgada. A concepção tradicional está vinculada à noção de que a Coisa Julgada não ultrapassaria o âmbito de quem faz parte da demanda,[129] conforme preceito exposto no art. 472 do vigente CPC.

Conforme José Maria Rosa Tesheiner, "entende-se por limite subjetivo da Coisa Julgada a determinação das pessoas sujeitas à imutabilidade e indiscutibilidade da sentença, que nos termos do art. 467 do CPC, caracterizam a eficácia de Coisa Julgada material".[130]

Rennan Thamay, no mesmo sentido, aduz:

> Há de se entender que o resultado daquela decisão judicial que transitou em julgado deverá produzir efeitos somente entre as partes. A questão está no prejudicar, no influir ou até alterar condição da vida ou bens jurídicos de uma pessoa. Estas alterações ou influências da decisão judicial somente poderão ocorrer frente às partes do litígio.[131]

Dessa maneira, vê-se reinar a ideia que, no processo individual, a Coisa Julgada possui efeitos interpartes. Como regra, então, a Coisa Julgada individual não poderá atingir terceiros,[132] nem para beneficiá-los, nem para prejudicá--los.[133] Isso decorre, naturalmente, de princípios constitucionais, tais como do

---

[129] Paulo Roberto de Oliveira Lima refere: "Frente ao terceiro, porém, a sentença opera como mero fato jurídico, desvestida de seu império e sem a imutabilidade que caracteriza a coisa julgada." (OLIVEIRA DE LIMA, 1997, p. 41).

[130] TESHEINER, José Maria Rosa. *Eficácia da sentença e coisa julgada no processo civil.* São Paulo: Revista dos Tribunais, 2001. p. 81.

[131] FARIA KRÜGER THAMAY, Rennan. *A relativização da coisa julgada pelo Supremo Tribunal Federal:* o caso das ações declaratórias de (in)constitucionalidade e arguição de descumprimento de preceito fundamental. Porto Alegre: Livraria do Advogado, 2013. p. 49.

[132] Sobre o tema, verificar as ideias de ALLORIO, Enrico. *La cosa giudicata rispetto ai terzi.* Giuffrè: Milano, 1992.

[133] Conforme referem Marinoni e Arenhart: "E quanto aos terceiros? Segundo estabelece a parte final do art. 472, a sentença operará efeitos perante terceiros quanto, em ações relativos ao estado de pessoa, forem citados (como partes, portanto) todos interessados. A fim de examinar adequadamente essa assertiva, é necessário formular uma distinção entre terceiros interessados e terceiros indiferentes. A questão já foi abordada anteriormente, quando do exame da intervenção de terceiros no processo. Apenas para recordar a distinção, cabe frisar que terceiro interessado é aquele que tem interesse jurídico na causa, decorrente da existência de alguma relação jurídica que mantém, conexa ou dependente, em face da relação jurídica deduzida em juízo. Esses sujeitos, em função da existência desse interesse jurídico, são admitidos a participar do processo, intervindo quando menos na condição de assistente simples. Já os terceiros indiferentes são

devido processo legal, ampla defesa e todos aqueles que impõem a necessidade de que, para sofrer os efeitos de um ato judicial, devam ter sido garantidas a possibilidade de uso de todas as formas de defesa possíveis.[134]

Certamente, existem exceções em que é inviável desvincular terceiros dos efeitos da sentença. Isso, contudo, não significa que estarão submetidos à autoridade da Coisa Julgada no sentido de que não poderão debater a questão em juízo, se legitimados para tanto estiverem. O que se extrai é que, eventualmente, os efeitos da sentença poderão atingir a terceiros, mas a Coisa Julgada e sua autoridade apenas incidirão para as partes que participaram do feito.[135]

Hoje, contudo, em razão, especialmente, do reconhecimento da existência de direitos coletivos de diferentes formas, há sensível alteração neste ponto, como já mencionado. A extensão dos efeitos será sempre de forma positiva, ou seja, sempre que, no caso da procedência da ação coletiva, todos os que foram representados poderão se beneficiar deste fato. Todavia, caso improcedente, terão ainda a possibilidade de ingressar com a demanda individual.

O processo coletivo criou uma expansão necessária quanto aos limites subjetivos da Coisa Julgada. Se reconhecendo que é necessário tutelar direitos

---

aqueles que não mantêm nenhuma relação jurídica interdependente com aquela submetida à apreciação judicial. Não têm interesse jurídico na solução do litígio e, por essa circunstância, não são admitidos a intervir no processo (ao menos na condição de sujeitos interessados). A sentença judicial pode produzir efeitos em relação a todos esses sujeitos, sejam partes, sejam terceiros interessados, sejam ainda terceiros indiferentes. Esses efeitos, porém, serão sentidos e recepcionados de maneira distinta, conforme a condição do sujeito que os sofre. Traduzindo essa ideia através de um exemplo: a sentença que decreta o despejo de alguém opera efeitos, indubitavelmente, perante o inquilino (que deverá deixar o imóvel), mas também em relação à sua família (que o acompanhará), a seus amigos (que haverão de reconhecer que aquela pessoa não reside mais naquele determinado local), a seus credores (que, para cobrar dívidas quesíveis, deverão procurá-lo em seu novo endereço) etc. Da mesma forma, tal sentença atuará perante o sublocatário, que tenha, por hipótese, alugado um quarto no imóvel alugado. Todas essas pessoas, participantes ou não do processo que resultou no despejo, sofrem efeitos da decisão judicial, em maior ou menor intensidade. Haverá, porém, alguma diferença entre a qualidade dos efeitos que sofrem? Sem dúvida, sim. Aqueles sujeitos que têm algum interesse, qualificado como *jurídico*, em relação ao litígio, e à solução que recebeu, podem – porque têm legitimidade para tanto – opor-se, de algum modo, à afetação de sua esfera jurídica por tais efeitos." (MARINONI; ARENHART, 2005, p. 622).

[134] Como referem Didier, Braga e Oliveira: "É preciso saber, ainda, quem está submetido à coisa julgada. Trata-se de examinar os seus limites subjetivos. Nesse aspecto, a coisa julgada pode operar-se interpartes, ultra partes ou erga omnes. A coisa julgada inter partes é aquela a que somente se vinculam as partes. Subsiste nos casos em que a autoridade da decisão passada em julgado só se impõe para aqueles que figuraram no processo como parte. Em nosso sistema, é a regra geral, consagrada no art. 472, CPC, que dispõe que 'a sentença faz coisa julgada às partes entre as quais é dada, não beneficiando, nem prejudicando terceiros. Este dispositivo do CPC inspirou-se nas garantias constitucionais da inafastabilidade da jurisdição, do devido processo legal, do contraditório e ampla defesa (art. 5º, XXXV, LIV, e LV, CF). Isso porque, segundo o espírito do sistema processual brasileiro, ninguém poderá ser atingido pelos efeitos de uma decisão jurisdicional transitada em julgado, sem que se lhe seja garantido o acesso à justiça, com um processo devido, onde se oportunize a participação em contraditório. Mas há exceções a esta regra em nosso ordenamento. São casos em que a coisa julgada pode beneficiar ou prejudicar terceiros. A coisa julgada ultra partes é aquela que atinge não só as partes do processo, como também determinados terceiros, pessoas que não participaram do processo, vinculando-os. Pode ocorrer em inúmeras hipóteses. São exemplos os casos de substituição processual, em que o substituído, apesar de não ter figurado como parte na demanda, terá sua esfera de direitos alcançada pelos efeitos da coisa julgada." (DIDIER JR.; SARNO BRAGA; OLIVEIRA, 2012, p. 428-429).

[135] Salvo algumas exceções lógicas, como, por exemplo, o sucessor *causa mortis*.

coletivos, seja em que categoria for, evidente que não se poderá aplicar os mesmos critérios utilizados para a tutela dos direitos individuais heterogêneos. Existe uma necessária adaptação da *res judicata* ao processo coletivo em razão da clara diferença entre os direitos que estão sendo tutelados. E essa adaptação da Coisa Julgada coletiva passou exatamente pela readequação de algumas das características tradicionais do instituto, como já destacado anteriormente.

No que tange aos limites objetivos, refere-se ao que, na sentença, adquire o selo da imutabilidade,[136] o que se torna indiscutível.[137] A sentença, desta forma, qualifica-se com a Coisa Julgada nos limites do objeto do processo. Está, de verdade, ligada diretamente ao pedido. O próprio CPC, em seu art. 468, estabelece que a sentença possui força de lei nos limites da lide e das questões decididas.[138]

Os limites objetivos da Coisa Julgada estão intrinsecamente ligados à eficácia preclusiva da mesma. E isso significa que, uma vez posto o comando judicial de forma irrecorrível, tornam-se inúteis todas as alegações que não foram postas no feito, ou seja, as que deveriam ter sido deduzidas, conforme estabelece o art. 474 do Código de Processo Civil vigente. Como leciona Barbosa Moreira:

> O novo estatuto processual civil, muito louvavelmente, tomou posição nítida e categórica na matéria. A eficácia preclusiva da coisa julgada material vê-se definida no art. 474, a cuja redação se podem fazer restrições do ponto-de-vista técnico, na medida em que se vale, desnecessariamente, da ficção do "julgamento implícito"; o sentido e o alcance da regra não são, porém, difíceis de fixar. Já o problema dos limites objetivos da *res iudicata* foi enfrentado alhures em termos peremptórios, enfáticos e até redundantes, talvez inspirados na preocupação de preexcluir quaisquer mal-entendidos. Assim é que o art. 468 reproduz sem as deformações do art. 287, *caput*, a fórmula carneluttiana: "A sentença, que julgar total ou parcialmente a lide, tem força de lei

---

[136] A importância dos limites objetivos é claramente expressada pela lição de Castro Mendes: "Desta diferenciação dos dois tipos de limites clàssicamente apontados ao caso julgado – objetivos e subjectivos, os primeiros limites intrínsecos, os segundos limites extrínsecos – resultam em nossa opinião difer enças de realce, entre as quais salientamos a seguinte: não pode deixar de haver limites objetivos; pode deixar de haver limites subjectivos. Resolvida uma situação de incerteza não pode evidentemente dar-se por resolvido todo o campo de incertezas do mundo; mas a resolução obtida pode impor-se universalmenet (*erga omnes*)." (CASTRO MENDES, João de. *Limites objetivos do caso julgado em processo civil*. Lisboa: Atica, 1968. p. 58-59).

[137] Na lição de Carlos Alberto Alvaro de Oliveira e Daniel Mitidiero: "Consoante observa a doutrina, os limites objetivos da coisa julgada buscam evidenciar 'a fronteira que limita o domínio de afirmações cuja subsistência ou insubsistência é indiscutível, separando-as das afirmações que continuam em possível situação de incerteza'. Portanto, limitar objetivamente a coisa julgada consiste em apurar até que ponto (isto é, sobre quais questões) se reconhece a autoridade da coisa julgada." (ALVARO DE OLIVEIRA; MITIDIERO, 2012, p. 281).

[138] A importância do estudo sobre os limites objetivos é destacada por Ovídio Baptista: "Qual o sentido da proposição 'limites objetivos da coisa julgada'? Estabelecido, como ficou, ser a coisa julgada qualidade adquirida pelo efeito declaratório da sentença, que se torna indiscutível, e, portanto, imodificável aquilo que o juiz haja declarado como a 'lei do caso concreto', pesquisar a extensão de seus limites objetivos será determinar o alcance que a declaração contida numa dada sentença pode efetivamente possuir. Noutras palavras, a investigação terá por fim determinar sobre que pontos ou questões litigiosas operou-se a coisa julgada." (BAPTISTA DA SILVA, 2000. p. 509).

nos limites da lide e das questões decididas". Apenas a *lide* é julgada; e, como a lide se submete à apreciação do órgão judicial por meio do pedido, não podendo ele decidi-la senão "nos limites em que foi proposta" (art. 128), segue-se que a área sujeita à autoridade da coisa julgada não pode jamais exceder os contornos do *petitum*.[139]

A importância se coloca, ao fim e ao cabo, em razão dos limites objetivos que estabelecem quais questões estão acobertadas pelo manto da Coisa Julgada material. Neste sentido está a afirmação que apenas o dispositivo da sentença é que adquire a força de Coisa Julgada. Pois é ali onde se estabelece a efetiva decisão.

A Coisa Julgada coletiva e a Coisa Julgada individual, neste sentido, quanto aos limites objetivos partilham, basicamente, do mesmo entendimento. Apenas o que foi apreciado é que será abarcado pela Coisa Julgada, ressalvados os direitos individuais na hipótese das ações coletivas.

3.3.4.3. Funções da Coisa Julgada – positiva e negativa

A Coisa Julgada desempenha distintas funções. As duas mais tradicionais, segundo a doutrina, seriam as funções positiva e negativa.[140]

A função positiva vincula a decisão pretendida à outra já proferida anteriormente. Existe um dever de fazer, especialmente, do juízo. De fazer valer o que já havia sido decidido anteriormente. Isso pode ser utilizado, por exemplo, quando existe uma ação declaratória já julgada que expressa a existência de um direito e que em uma ação diversa, seja utilizado como fundamento. Neste caso, deverá se utilizar a Coisa Julgada de forma positiva. Como esclarecem Fredie Didier Jr, Paula Sarno Braga e Rafael Oliveira:[141]

> O efeito positivo da coisa julgada determina que a questão principal já definitivamente decidida e transitada em julgado, uma vez retornado ao Judiciário como questão incidental (não principal, em virtude da vedação imposta pelo efeito negativo), não possa ser decidida de modo distinto daquele como foi no processo anterior, em que foi questão principal. O efeito positivo da coisa julgada gera, portanto, a vinculação do julgador de outra causa ao quanto decidido na causa em que a coisa julgada foi pro-

---

[139] BARBOSA MOREIRA, José Carlos. *Temas de direito processual:* primeira série. 2. ed. São Paulo: Saraiva, 1988. p. 91.

[140] Como destaca Celso Neves: "A função da coisa julgada é, pois, dúplice: de um lado, define, vinculativamente, a situação jurídica das partes; de outro lado, impede que se restabeleça, em outro processo, a mesma controvérsia. Em virtude da primeira função, não podem as partes, unilateralmente, escapar aos efeitos da declaração jurisdicional; por decorrência da segunda, cabe a qualquer dos litiganets a *exceptio rei iudicatae*, para excluir novo debate sobre a relação jurídica decidida." (NEVES. Celso. *Coisa julgada civil*, Revista dos Tribunais: São Paulo, 1971. p.489). Neste sentido também vale mencionar Ovídio Baptista: "O efeito negativo da coisa julgada opera como *exceptio rei iudicatae*, ou seja, como defesa, para impedir o novo julgamento daquilo que já fora decidido na demanda anterior. O efeito positivo, ao contrário, corresponde à utilização da coisa julgada propriamente em seu conteúdo, tornando-o imperativo para o segundo julgamento." (BAPTISTA DA SILVA, 2000, p. 500).

[141] Mais uma vez as ideias de Sérgio Porto, segundo o qual, "a função positiva, de sua parte, vincula a decisão pretendida a outra já proferida." (PORTO, 2011, p. 66).

duzida. O juiz fica adstrito ao que foi decidido em outro processo. São casos em que a coisa julgada tem que ser levada em consideração pelos órgãos jurisdicionais.

Vale também mencionar Eduardo Talamini, *in verbis*:

Há a função (ou aspecto, ou eficácia) "positiva" da coisa julgada. O *decisum* (resultado) sobre o qual recai a coisa julgada terá de ser obrigatoriamente seguido por qualquer juiz, ao julgar outro processo, entre as partes, cujo resultado dependa logicamente da solução a que se chegou no processo em que já houve coisa julgada material.[142]

Por sua vez, há também a função negativa.[143] Esta se apresenta como uma vedação. Uma vedação à possibilidade de reapresentação da questão, em novo processo, quando esta já teve uma resposta do Judiciário. Impõe uma obrigação de não fazer ao jurisdicionado. Está vinculada também a ideia do *ne bis in idem*. Neste sentido converge a ideia de Sergio Gilberto Porto:

Dessa forma, possível definir que a doutrina, *modus in rebus*, reconhece à coisa julgada uma qualidade ou virtude impeditiva, vale dizer, cria ela a impossibilidade de que venha a existir novo julgamento envolvendo a demanda já apreciada. A isso, denomina-se função ou efeito negativo.[144]

Assim, verifica-se, mais uma vez, a diferença entre a Coisa Julgada que se aplica ao processo que tutela o direito individual para a Coisa Julgada aplicável à tutela dos direitos coletivos. Enquanto, para a primeira, é possível identificar facilmente como se utiliza a função positiva e negativa da Coisa Julgada, para a segunda, tal aplicação da função positiva e negativa já não obtém tamanha certeza.

Seguindo os princípios gerais da Coisa Julgada coletiva, facilmente se denota que tanto a função positiva quanto a negativa só terão lugar e aplicação quando a sentença for procedente, ou seja, que poderá vincular todos os beneficiados ou quando for improcedente, com exame completo das provas, mas neste segundo caso, tanto a função positiva quanto a negativa poderão ser utilizadas em desfavor do ente que ingressou com a demanda e nunca contra os

---

[142] TALAMINI, 2005, p. 130.

[143] Sobre a função positiva e negativa, também, é válida a referência à João de Castro Mendes: "Historicamente, a questão surge em torno da *exceptio rei judicatae* em direito romano. A distinção que ora estudamos foi pela primeira vez delineada nesse domínio e a sua formulação 'é o mérito mais brilhante da obra de KELLER'. Note-se porém *in limine* que as designações eram enganadoras: Keller não entendia por função positiva e função negativa (da excepção de caso julgado) verdadeiramente duas funções, ou tipos de eficácia. O efeito da excepção de caso julgado é sempre o mesmo: *Anwisung der klage*, rejeição do pedido. Esta rejeição podia porém ter dois fundamentos diversos – nisto se cifraria historicamente a distinção referida. Assim, se certa pretensão é formulada em juízo através de uma acção, em certo momento do processo (segundo a teoria dominante, unânime quanto ao processo mais antigo, no momento da litiscontestatio) o direito de acção (de fazer valer certa pretensão em juízo) extingue-se (consumpção da acção); e se a mesma acção for proposta de novo, conra ela pode-se suscitar-se a *exceptio rei judicatae* tendo esta como fundamento a inexistência da acção antes consumida." (CASTRO MENDES, João de. *Limites objectivos do caso julgado em processo civil*. Lisboa: Atica, 1968. p. 36-37).

[144] PORTO, 2011, p. 73.

jurisdicionados singularmente considerados que podem perseguir o direito de forma individual, haja vista que este permanece intocado.

Há, assim, importante diferença entre os institutos, como, por ora, destacado. Diferenças essas que merecem um olhar mais atento, especialmente quando se percebe que existem possíveis evoluções que a Coisa Julgada coletiva pode trazer para o instituto da Coisa Julgada individual.

3.4. CONCLUSÕES PARCIAIS

De acordo com o que se pretendeu demonstrar ao longo do trabalho aqui apresentado, por ora, é possível inferir que existe sensível diferença entre o processo coletivo e o processo individual, em especial no que tange ao instituto da Coisa Julgada. Identicamente, percebe-se que essas diversidades acabam por gerar consequências importantes na aplicação do instituto da Coisa Julgada e, como corolário lógico, geram diferenças fundamentais quanto à tutela dos direitos coletivos e individuais.

Há, efetivamente, uma verificação de que o direito coletivo possui um vínculo e uma preocupação maior com a virtude da prestação jurisdicional, com a qualidade da tutela que está sendo oferecida em vista das ressalvas que impõem para que se outorgue autoridade de Coisa Julgada às sentenças; enquanto que, por outro lado, a parte do ordenamento que tutela a vida individual se preocupa mais com a solução formal do conflito, ou seja, de entregar uma sentença, seja ela boa ou não para o jurisdicionado e para o próprio ordenamento, quer ela julgue verdadeiramente o mérito ou não.

A partir dessa noção, de que o processo coletivo, neste particular, encontra-se mais aperfeiçoado e que, por meio dele, pode o processo individual criar soluções novas que, talvez, venham a melhorar a prestação do serviço judicial, passar-se-á a formular uma ou outra consideração pertinente à eventual reavaliação de como se concebe a Coisa Julgada em questão pontual, para que melhor se medite se a opção feita pelo ordenamento é a mais adequada e a que mais se preocupa com a qualidade da prestação jurisdicional e com a verdadeira busca por um sistema que congregue efetividade e busca pela justiça.

4. A interligação entre prova, sentença de mérito (com análise de fatos) e coisa julgada material. A sentença de improcedência por falta de provas

4.1. MÉRITO – CONCEITO E COMPREENSÃO

Para ingressar, de modo imediato, no debate que é o escopo do presente trabalho, havia uma impossibilidade porque era necessário que, anteriormente, fosse desenvolvida uma base prévia de assuntos diretamente relacionados ao tema central. Temas como a importância da prova no ordenamento e a busca da verdade, assim como esclarecimentos sobre o processo coletivo e também a necessária comparação entre o processo coletivo e o processo civil individual, em especial no que se refere ao tratamento dispensado à Coisa Julgada, todos compunham um necessário embasamento teórico para o melhor desenvolvimento do tema central.

Sem o enfrentamento anterior desses tópicos não seria possível trazer de maneira adequada a polêmica aqui exposta, qual seja: afirmar a inexistência de Coisa Julgada material decorrente da sentença proferida em demanda individual que rejeita a pretensão com fundamento na falta de provas.

Compreendido que a prova hoje é um direito fundamental da parte e que, além disso, não é um dever exclusivo do autor ou do réu, mas também do próprio juiz e, ainda, restando estabelecido que a prova é elemento essencial para a busca da verdade, seja ela a processual ou a real e a sua importância para o cumprimento da garantia processual constitucional da motivação dos atos judiciais, bem como compreendido que a Coisa Julgada, hoje, possui ramificações (Coisa Julgada individual e Coisa Julgada coletiva) com relevantes alterações na processualística moderna, ainda é necessário que se discorra, mesmo que brevemente, sobre o mérito processual, pois é de vital importância que se compreenda seu real significado, para depois, extraírem-se conclusões em torno da adequação da solução preconizada pelo sistema processual no tocante à formação de Coisa Julgada material quando esta tem por base justamente sentença de improcedência por falta de provas.

Na mesma linha é fundamental estabelecer qual o entendimento sobre o mérito para que, posteriormente, possa ser compreendido qual o verdadeiro alcance daquilo que se busca destacar. Estabelecer o que é mérito, para os fins deste trabalho, irá colaborar para a compreensão do porquê se entende presente alguns equívocos na opção feita pelo legislador e porque pode ser adequado cogitar um possível transporte da ideia já presente no processo coletivo para o processo individual.

Muito já se controverteu na doutrina o que efetivamente é o mérito da demanda. Diversos juristas debateram e debatem até hoje qual efetivamente seria o conceito deste instituto tão caro ao direito. Caro porque dele nascem consequências que são, por natureza, importantes para obtenção de uma solução adequada da lide.

Existem aqueles que defendem que o mérito é sinônimo de pedido, da pretensão. É o caso de Nelson Nery Jr., que atesta, em seu sentir, que "o mérito, vale dizer, o pedido, a pretensão, o bem da vida querido pelo autor".[145]

No entanto, tal posição, com o devido respeito, é insuficiente, pois o pedido, sem que se saiba qual a razão de sua existência, nada diz e também não é passível de uma análise crítica por parte do juiz; análise crítica esta que se transformará, posteriormente, na sentença que irá definir o direito para o caso concreto. Este deve saber quais os fundamentos que levam o jurisdicionado a buscar a guarida no Poder judiciário.

Isso decorre da simples circunstância de que o mérito se define da soma do pedido com a causa de pedir, ou seja, do objeto e razão deste. Assim, para efeitos de identificação do mérito, deve ser iluminado também o fundamento do pedido. Dos ensinamentos de Cândido Dinamarco, que primeiramente explica sobre a expressão "objeto" para, depois, transportá-lo para o sentido jurídico, extrai-se essa noção de que o objeto do processo é algo que vai além do próprio pedido.

> Antes de se buscar a identificação do objeto do processo (o que constitui tema tormentoso na doutrina alemã especialmente), é mister entender o que significa a própria locução "objeto do processo". A palavra *objeto* resulta do encontro da preposição latina *ob*, com o verbo *jacio*, dando o verbo composto *objicio*. Ora, *ob* significa "diante, defronte, à vista"; e *jacio* quer dizer "lançar, atirar, arremessar". Daí o significado de *objicio*, que é a forma vernácula do substantivo latino formado a partir desse verbo (*objectus*), serve para designar algo que é *posto diante* de uma pessoa, ou como alvo de alguma atividade sua. Léxico de superlativo prestígio conceitua *objeto* como "tudo que física ou moralmente se apresenta e se oferece aos nossos sentidos ou à nossa alma" (*Caldas Aulete*). Tal é o objeto do processo, que se coloca diante do juiz,

---

[145] NERY JR., Nelson; ANDRADE NERY, Rosa Maria de. *Código de Processo Civil comentado e legislação extravagante*. 10. ed. São Paulo: Revista dos Tribunais, 2007. p. 503.

à espera do provimento que ele proferirá afinal. Por objeto do processo se designa o conteúdo deste, posto diante do juiz através do ato de iniciativa. Ele é, afinal, a *res in judicium deducta*, da linguagem tradicional. É sobre ele que o juiz se considera autorizado e obrigado a pronunciar-se (vedado o *non liquet*: CPC, art. 126) e a sua identificação mostra-se relevante não só para a já aludida delimitação do provimento, como também para temas como a litispendência, coisa julgada (v. CPC, art. 301, §§ 1º a 3º), a prejudicialidade, ação declaratória incidental, alteração e cúmulo de demandas. De tudo quanto se disse, fica fácil inferir também que o objeto do processo é, em outras palavras, o mérito da causa (*meritum causae*).[146]

Na verdade, quando Cândido Rangel Dinamarco se refere ao objeto, ainda que use apenas a expressão "objeto", com certeza, usa no sentido de objeto litigioso, como sustentou Karl Schwab,[147] daí a razão pela qual identifica este com o mérito da causa.

Do destacado, evidencia-se que isso que é posto diante do juiz não é apenas o pedido, mas sim o pedido e também as razões que dão suporte a esse pedido, as razões que levam à busca do Judiciário.[148] Pois um sem o outro nenhum efeito pode produzir, haja vista que o juiz fica impedido de realizar o silogismo necessário para proferir sua decisão. Para que o magistrado esteja apto a se manifestar sobre o pedido, ele necessariamente deve compreender e ter provas sobre os fatos.

Como destaca Eduardo Cambi:

> [...] além do *pedido*, a cognição do *meritum causae* também está interligada com a *causa de pedir*, que é um dos elementos da ação, cujo escopo é consignar os fundamentos de fato e de direito do pedido. Certamente, não haveria como bem analisar a *res in iudicium deducta*, se a ação fosse destituída de causa de pedir; aliás, por isso mesmo, a ausência da indicação do fato e dos fundamentos jurídicos do pedido acarreta o indeferimento da petição inicial e, consequentemente, a extinção do processo sem julgamento de mérito (arts. 282, inc. III, 284, par. ún., e 267, inc. I, CPC).[149]

Do referido, as dúvidas quanto aos elementos do mérito estarem compostos por causa de pedir e pedido parecem se esvair. Não há como analisar

---

[146] DINAMARCO, Cândido Rangel. *Fundamentos do processo civil moderno*. São Paulo: Revista dos Tribunais, 1986. p. 188-189.

[147] Neste sentido verificar a obra de Karl Schwab. (SCHWAB, Karl. *El objeto litigioso en el proceso civil*. Trad. Tomas A. Banzhaf. Buenos Aires: EJEA, 1968).

[148] Como bem refere Calmon de Passos: "Conclui-se, portanto, que, após a qualificação das partes, deve o autor narrar os fatos. Feita a narração dos fatos, seguir-se-á a exposição dos fundamentos jurídicos do pedido, isto é, de como os fatos narrados justificam que o autor peça o que pede. Os fatos e os fundamentos jurídicos do pedido, por conseguinte, nada mais significam do que a descrição clara e precisa do acontecimento que foi a razão de ser da demanda e a categorização jurídica desse mesmo acontecimento. A causa de pedir, ensina Pontes de Miranda, supõe o fato ou série de fatos dentro de categoria ou figura jurídica com que se compõe o direito subjetivo ou se compõem os direitos subjetivos do autor e o seu direito público subjetivo de demanda." (CALMON DE PASSOS, José Joaquim. *Comentários ao código de processo civil*. 8. ed. Rio de Janeiro: Forense: 2000. v. III, p. 159).

[149] CAMBI, Eduardo. Coisa julgada e cognição *secundum eventum probationis*. *RePro*, n. 109, jan./mar. 2003. p. 75.

o mérito considerando esse apenas como o pedido. Aliás, isso tudo de acordo com a teoria da substanciação, adotada pelo vigente Código de Processo Civil (art. 282, III), em que a causa de pedir é construída pelo fato ou fatos que dão base para a pretensão do demandante, pois é a partir desses fatos que o magistrado poderá atingir a sua conclusão (sentença).[150]

Se a conclusão (sentença) depende dos fatos que dão base para a demanda, só é possível uma análise de mérito quando considerados os fatos e quando estes possuem os elementos suficientes para que sofram este exame. Em simples palavras, só é possível um exame do pedido quando feito à luz dos fatos e fundamentos jurídicos (excluídas as questões de exame exclusivo de direito).

O juízo crítico, cujo dever pertence ao magistrado realizar, para que possa entregar o comando judicial ao jurisdicionado, não pode ser feito unicamente sobre o pedido, pois o pedido sozinho nada quer dizer além de uma requisição vazia. Aí que se encontra o mister de reconhecer que o mérito é efetivamente a coligação entre causa de pedir e pedido.

Como destaca Cássio Scarpinella Bueno, *in verbis*:

> É absolutamente indispensável que o fato e os fundamentos jurídicos sejam descritos minudentemente e de forma inequívoca, clara e precisa, na inicial. Até porque são eles que revelam o *interesse de agir, a possibilidade jurídica do pedido* e a própria *legitimidade das partes*.[151]

Ora, se os fatos e fundamentos jurídicos, que correspondem à causa de pedir, são elementos essenciais para a identificação da presença das condições da ação e que, como se sabe, só depois de superadas as condições da ação é que se terá a possibilidade de análise do mérito, mais claro se torna que a causa de pedir faz parte do mérito.

Nesta linha, uma vez o magistrado considerando que a demanda não possui elementos suficientes para que seja julgada procedente e, ao mesmo tempo, não possuindo elementos para refutá-la, assim, afirmando inexistente o direito alegado, pois não possui provas nem para um lado, nem para outro, ou seja, não tem como exercer verdadeiro juízo de valor sobre os fundamentos da demanda, por conseguinte, não tem como avaliar a causa de pedir frente ao pedido. A única conclusão possível é de que não há de fato como julgar o mérito da demanda, não há como apreciar o verdadeiro conflito de interesses estabelecido porque somente a união entre causa de pedir e pedido é que, verdadeiramente, por compor o mérito, permite a solução do conflito.

A importância de diferenciar mérito do simples pedido está na identificação de um problema que se percebe relevante para o processo civil individual

---

[150] Mais uma vez Calmon de Passos refere que: "Para os adeptos da substanciação, a causa de pedir é representada pelo fato ou complexo de fatos aptos a suportar a pretensão do autor, pois são eles que constituem o elemento de onde deflui a conclusão." (CALMON DE PASSOS, 2000, p. 160).

[151] SCARPINELLA BUENO, Cássio. *Curso sistematizado de direito processual civil.* São Paulo: Saraiva, 2007. v. II, tomo I, p. 73.

e cuja solução é possível visualizar com base naquilo que se destacou ser característica do processo coletivo. Existem situações em que, pelo menos aqui se entende neste sentido, o mérito não é efetivamente analisado. Contudo, ainda assim, é conferida à decisão proferida a autoridade da Coisa Julgada material, impedindo, desta forma, uma repropositura da demanda conquanto não se tenha adentrado efetivamente no problema que levou o jurisdicionado a buscar guarida no Poder Judiciário.

A hipótese a que se faz referência é a de quando determinada demanda é julgada improcedente sob o fundamento da inexistência ou insuficiência de provas. Ainda que o fundamento seja a impossibilidade de apreciação, ainda assim, tal decisão, quando transitada em julgada, irá obter a qualidade da autoridade de Coisa Julgada material, tornando-se imutável e indiscutível, com isso, impedindo um eventual novo acesso ao Judiciário caso novas e melhores provas fossem encontradas.

Ou seja, o jurisdicionado suporta o ônus da existência de Coisa Julgada material sobre sua pretensão sem que, ao mesmo tempo, tenha a contrapartida mínima esperada do Poder Judiciário, que é a verdadeira análise do mérito da causa. Portanto existiu exercício de jurisdição, no entanto prestação jurisdicional material não houve.

Naturalmente que se sabe, pois já referido, que a Coisa Julgada é a opção política de encerrar o debate judicial em dado momento. Isso porque é inviável a manutenção dos conflitos eternamente. Quanto a isso, não restam dúvidas. O problema parece residir na falha que há em impor um limite a esta opção política, opção esta que hoje, em nome da segurança jurídica, impõe-se em relação a direitos sobre os quais, talvez, não se devesse. Em nome desta alegada segurança, a qual, volta-se a repetir, é necessária para a convivência harmoniosa da sociedade, mas que não pode reinar absoluta, ignoram-se direitos e aceitam--se imposições que não se amoldam a um Estado constitucional preocupado não apenas com a celeridade de suas decisões, mas com a própria efetividade e justiça das mesmas.

Um limite que, em concomitância, permita a manutenção da ordem social e a não inviabilização do Poder Judiciário, mas que também não caracterize ablação ao direito do jurisdicionado de ver efetivamente analisado o problema que o levou a buscar a guarida do Estado.

O que parece passar despercebido é que da mesma forma que não é interessante a manutenção dos conflitos eternamente, também não é politicamente interessante solucionar apenas aparentemente o conflito. Pois isso é que verdadeiramente se põe quando uma sentença julga improcedente a pretensão deduzida por falta ou insuficiência de provas. Essa disseminação de situações em que o conflito material não é solucionado de forma adequada envenena a sociedade contra o Poder Judiciário, o que naturalmente não é saudável.

FORMAÇÃO DA COISA JULGADA E PROVA PRODUZIDA

Logo é importante ter claro o que é verdadeiramente o mérito da causa, pois assim se poderá entender o porquê são questionadas algumas opções políticas feitas pelo legislador que, no fundo, acabam por prejudicar em demasia o direito do jurisdicionado, buscando privilegiar pretensa estabilidade. Nesse sentido, em razão do já referido, é possível verificar o que se compreende por mérito. É, em simples palavras, a análise do conjunto da causa de pedir e do pedido. Isso porque um não pode existir sem o outro.[152]

Tal assertiva pode ser melhor elucidada ao se buscar o art. 295 do vigente CPC, o qual impõe que a petição inicial será inepta se da narração dos fatos (causa de pedir) não decorrer logicamente uma conclusão (pedido). É necessário existir sintonia e congruência entre fundamentos e pedido. Assim, decorrência lógica, para que exista uma sentença que analise o mérito é necessário que haja efetiva análise da causa de pedir e do pedido. Há um mister de elaboração de um juízo de valor sobre causa de pedir e pedido para que seja viabilizada uma sentença apta a ser conferida autoridade da Coisa Julgada material.

Em exemplo bem grosseiro, é inviável que se julgue o mérito de uma demanda em que são narrados os fatos que dão a entender se tratar de ação de usucapião, mas pede-se, ao final, reintegração de posse. A causa de pedir,[153] que está vinculada diretamente aos fatos, não pode deixar de ser analisada para

---

[152] Vale trazer os ensinamentos de Carlos Alberto Alvaro de Oliveira e Daniel Mitidero: "o mérito da causa é formado por questões levadas ao processo pelo demandante mediante a propositura da ação. Estas questões constam da causa de pedir (art. 282, inciso III, CPC) e levam à formulação do pedido (art. 282, inciso IV, CPC). Causa de pedir e pedido compõem o material com que o juiz apreciará o mérito da causa no direito brasileiro. Mas, só haverá juízo de mérito se for emitido juízo de valor sobre o pedido." (ALVARO DE OLIVEIRA; MITIDIERO, 2012, p. 282-283). Ainda é de se trazer o magistério de Cândido Rangel Dinamarco: "O saldo útil das intermináveis disputas sobre o conceito de *Streitgegensatand*, em que se envolveram os processualistas alemães durante décadas, é a conclusão de que o objeto do processo reside na *pretensão* deduzida pelo demandante (*Anspruch*), representada pelo *pedido* feito (*Antrag*) e identificada pelo que nós latinos chamamos de *causa de pedir.*" (DINAMARCO, Cândido Rangel. *Capítulos de sentença*. São Paulo: Malheiros, 2002. p. 51).

[153] Sobre a causa de pedir, é válido a referência elaborada por Araken de Assis: "Dentre os elementos individualizadores da ação material, a causa de pedir constitui o mais delicado e problemático. Paradoxalmente, à primeira vista, se afigura ideia de razoável clareza, porque a própria designação expressa o título da demanda. Na demanda, além de invocar a prestação jurisdicional do Estado, o autor afirma o motivo pelo qual almeja o bem da vida perante o adversário, que somente se viabiliza através da tutela estatal. Neste 'motivo' pulsa a causa de pedir." (ASSIS. Araken de. *Cumulação de ações*. 2. ed. São Paulo: Revista dos Tribunais, 1995. p. 122). Complementando sobre a função da causa de pedir, está a lição de José Rogério Cruz e Tucci: "Complementando o lúcido pensamento, acrescenta Fazzalari a exposição da *causa de pedir* é indispensável para o desenvolvimento do processo de conhecimento: 'tal alegação representa, na verdade, o parâmetro para a determinação da jurisdição, da competência, da legitimação para agir [...]'. Desse modo, a argumentação alusiva à *causa petendi* consiste no meio pelo qual o demandante introduz o seu direito subjetivo (substancial) no processo: 'se é verdade que o autor deduz fatos amoldando-os no esquema de uma norma, gerando determinadas conseqüências jurídicas, não pode haver dúvida de que são deduzidos fatos constitutivos da situação jurídica (substancial) preexistente e, antes de mais nada, a hipótese concreta da qual deriva a posição de preeminência em relação ao bem; vale dizer, o direito subjetivo (substancial)." (CRUZ E TUCCI, José Rogério. *A causa petendi no processo civil*. 2. ed. São Paulo: Revista dos Tribunais, 2001. p. 126-127).

que se entregue a prestação jurisdicional adequada. E para que se visualize corretamente qual o melhor direito para o caso concreto, não há como escapar da análise dos fatos que se apresentam.

Resta evidenciado que são inseparáveis, como as ondas e o mar, pedido e causa de pedir[154] e que para que exista análise do mérito, ambos precisam ser considerados.

Como bem destaca Sergio Gilberto Porto:

Portanto, para boa compreensão da ideia de sentença de mérito, que é pressuposto da rescindibilidade, é necessário individualizar a demanda. Esta possui requisitos formais e materiais. Os formais são identificados como: partes e pedido. O material como a causa de pedir. Assim, quando o juízo aprecia o mérito de uma demanda, está, em realidade, examinando se àquelas partes e àquele pedido, em face da causa deduzida, pode ou não ser acolhido. Com isto se está a afirmar que a demanda possui razão ou razões que definem a incidência do direito material e exigências processuais que estabelecem se aquele direito pode ser deferido àquelas partes ou não e se o pedido está adequadamente aviado. Quando o juízo enfrenta o direito material posto em causa e resolve o conflito, se diz, em verdade, que está a enfrentar o mérito da causa; quando não, se diz que julga sem exame de mérito. Assim, p. ex., a sentença terminativa para a última hipótese (art., 267 do CPC) e a sentença definitiva para a primeira (art. 269 do CPC). Nesta linha, identifica-se a sentença de mérito (em seu sentido mais amplo!) que examina a causa de pedir deduzida, ou seja, promove a análise do direito posto em causa, avaliando, pois, as razões substanciais que levam ao debate judicial.[155]

Do exposto, fica evidenciado, ainda que exista doutrina que entenda de forma diversa, que mérito é o conjunto da causa de pedir e pedido. E como bem destaca Fabrício Veiga Costa: "o conceito de mérito encontra-se intrinsecamente atrelado ao objeto da lide e à pretensão deduzida nos limites do objeto".[156]

---

[154] Tal constatação resta ainda mais clara quando se verifica o que professa José Rogério Cruz e Tucci: "a *causa petendi* possui dupla finalidade advinda dos fatos que a integram, vale dizer, presta-se, em última análise, a individualizar a demanda e, por via de conseqüência, para identificar o pedido, inclusive quanto à possibilidade deste." (CRUZ E TUCCI, 2001, p. 159). Ora, se a causa de pedir serve para identificar o pedido, é evidente que é deste indissociável, pois, sem a primeira, o pedido não poderá ser compreendido. Assim, o mérito necessita da causa de pedir para que possa ser examinado. E a causa de pedir, como afirmado anteriormente, são os motivos que levam ao ajuizamento da demanda. Ou seja, tanto causa de pedir e pedido necessitam de exame crítico para que se possa exarar uma sentença de mérito. Se não há condições de se examinar a causa de pedir é o mesmo que dizer que não há como se verificar os fatos que dão causa a demanda e, por conseguinte, torna-se inviável a prolação de uma decisão que analise o mérito.

[155] PORTO, Sérgio Gilberto. *Ação rescisória atípica*: instrumento de defesa da ordem jurídica. São Paulo: Revista dos Tribunais, 2009. p. 40.

[156] VEIGA COSTA, Fabrício. *Mérito processual*: a formação participada nas ações coletivas. Belo Horizonte: Arraes Editores, 2012. p. 12.

4.2. A RELAÇÃO ENTRE O MÉRITO E A PROVA – ANÁLISE DA CAUSA DE PEDIR E A SENTENÇA DE IMPROCEDÊNCIA POR FALTA DE PROVAS

Estabelecido que o mérito é a união entre causa de pedir e pedido, é igualmente importante relacionar a prova como viabilizadora da análise da causa de pedir, bem como da entrega de uma verdadeira sentença de mérito.

Primeiramente, entretanto, é preciso que se faça uma ressalva. Não se ignora que o sistema brasileiro adota, pelo menos no que tange aos direitos individuais, a ideia de que a sentença de improcedência por falta de provas qualifica-se com a Coisa Julgada material. Este é o direito posto. Assim funciona o ordenamento brasileiro até o momento em razão da opção política eleita pelo legislador com a mais adequada para fornecer a estabilidade social buscada através do Poder Judiciário. No entanto o que não se pode ignorar é que, quiçá, tal opção não mais atenda (se é que em algum momento atendeu) aos ideais de um Estado constitucional, preocupado em prestar uma tutela jurisdicional efetiva e justa.

Como já destacado, a prova é direito fundamental de todo cidadão. Isso como corolário de diversos direitos constitucionais, como acesso à justiça, contraditório, ampla defesa, dentre outros. O direito de provar é, assim, tão importante por exatamente dar suporte à causa de pedir que serve como alicerce para exposição do porquê existe a demanda e do porquê deve o Judiciário analisar e resolver o conflito estabelecido, trazendo novamente paz para onde não há harmonia.

E em razão disso é que, quando inexistem provas suficientes, não deve ou não deveria uma sentença que julga uma demanda improcedente em razão da insuficiência probatória obter a autoridade da Coisa Julgada material.[157] Assim, a questão que se põe, sobre a incidência ou não da Coisa Julgada material quando da prolação de uma sentença de improcedência com fundamento na insuficiência de provas, é possível que gere algum desconforto e revele-se tormentosa, no entanto não é possível ignorar tema que possa se revelar de grande importância.

---

[157] Tal entendimento já possui algumas decisões, mesmo que esparsas, nos tribunais brasileiros. O Superior Tribunal de Justiça, por exemplo, já entendeu dessa forma no RESP 169.577-SP. "Não há óbice ao ajuizamento de nova ação, semelhantemente a outra que fora extinta para que se reivindiquem juros compensatórios não concedidos por falta de provas da data em que a ocupação se efetivou. Isso porque, o que ocorreu foi coisa julgada formal, e não material". STJ-REsp. 169.577-SP. (1998/0023483-7). Rel. Min. Castro Meira. J. 05-10-2004. DJ 16.11.04 (doc. 5031119)." Da mesma forma, Misael Montenegro Filho também relata a existência dessa possibilidade: "Por último, verificamos que, na dinâmica forense, deparamos nos com algumas sentenças de extinção do processo sem julgamento do seu mérito na hipótese de o juiz entender que o processo não reuniu as provas necessárias ao acolhimento das pretensões do autor. Em situações tais, e pela deficiência da prova, entendem certos magistrados que o pronunciamento correspondente deveria ser terminativo, fazendo coisa julgada formal, autorizando-se a repropositura da ação." (MONTENEGRO FILHO, Misael. *Curso de processo civil.* 8. ed. São Paulo: Atlas, 2012. v. I, p. 578).

O tratamento que se dá para a sentença que é tida por improcedente pela carência de provas hoje, como se percebe, não é uníssono no ordenamento brasileiro. No processo individual, reina a ideia, por um lado, de que se trata de sentença de improcedência tal qual como é conhecida, em que lhe é atribuída autoridade de Coisa Julgada material. Por outro lado, no processo coletivo, como exposto, o tratamento é diverso, pois lá é quase que equiparada a sentença meramente processual, não sendo conferida autoridade de Coisa Julgada material.

As diferenças iniciam-se primeiramente em processos cujos âmbitos de incidência são diferentes, mas, depois, poder-se-á verificar que, mesmo no processo individual, a sentença de improcedência é diferente da sentença de improcedência que toma por fundamento a ausência de provas.

Pois bem, ao se analisar sob o âmbito meramente do processo individual, percebe-se, com certa tranquilidade, que a sentença de improcedência com análise de provas não é igual à sentença que julga improcedente determinada demanda por falta de provas. Atestar categoricamente que não se tem o direito difere radicalmente de dizer que não houve prova do direito alegado. Existe, pois, no sistema, máxima vênia, um equívoco na opção política de oferecer tratamento idêntico para situações que são essencialmente diferentes.

Logo se identifica um verdadeiro problema e uma verdadeira contradição no ordenamento, haja vista que, via de regra, as sentenças que ultrapassam a barreira das condições da ação têm a capacidade de agregar a autoridade da Coisa Julgada material para si. Contudo, quando se analisa mais atentamente a hipótese aventada, percebe-se que não é razoável dar o mesmo tratamento para ambas as situações. São circunstâncias singulares cujas similaridades se encontram apenas no resultado final (improcedência da demanda), mas que apenas compartilham dessa questão em comum em razão de uma imposição legislativa.

Isso se percebe na própria fundamentação da sentença em que uma refuta claramente a hipótese pleiteada pelo autor ao passo que na outra não existe a mencionada refutação ou mesmo a desconstrução da tese afirmada pelo autor. Existe sim apenas uma saída estratégica encontrada pelo ordenamento que permite ao magistrado que decida sem, contudo, ter criado uma convicção sobre a existência ou não do direito posto *in status assertiones*.

Isso se dá em razão de uma situação em particular: a impossibilidade do julgador analisar os fatos, visto que estes dependem de prova. E se a veracidade ou falta de veracidade dos fatos não pode ser atestada, se as hipóteses não podem ser demonstradas ou descartadas pela impossibilidade de serem adequadamente analisados os fatos, o mérito, corolário lógico, em realidade, deixa de ser avaliado.[158]

Como referido, o mérito é a união entre a causa de pedir (fundamentos para a demanda) e o pedido. Para que o juiz possa chegar à síntese, da tese e da antítese apresentadas por autor e réu, precisa ter elementos para que possa meditar, ponderar, exercer o silogismo básico para que possa apresentar real e efetiva solução do caso. Uma vez que não possui as provas para que possa realizar essa meditação a respeito dos fatos, para que possa criar a íntima convicção sobre qual das partes está com a razão do seu lado, não pode se manifestar sobre o mérito, não pode sequer referir quem possui a verdade processual do seu lado.

Mais uma vez é possível compartilhar as ideias de Eduardo Cambi:

> Assume, pois, relevância a problemática introduzida pelo ônus da prova, uma vez que, cabendo ao autor demonstrar os fatos constitutivos do seu direito e sendo vedadas decisões *non liquet*, o magistrado, mesmo estando em dúvida (seja decorrência da falta ou da insuficiência das provas produzidas pelo autor) será obrigado a decidir, devendo a decisão ser contrária à pretensão do demandante, quando não se desincumbir satisfatoriamente de seu o*nus probandi* (art. 333, inc. I, CPC). Diante disso surge a necessidade de *racionalizar* a problemática da dúvida no processo, avaliando as consequências negativas das decisões que, não obstantes calcadas no ônus da prova em sentido objetivo (utilizado como regra de julgamento), geram maior instabilidade e insegurança sociais, porque, nesta hipótese, a coisa julgada material está assentada em uma situação incerta, a qual, se fosse mais bem investigada (i.e, caso existisse provas suficientes ou mais adequadas), poderia conduzir a um julgamento diverso, já que a circunstância da parte não ter fornecido as provas necessárias para comprovar as suas alegações não significa serem as suas afirmações não verdadeiras.[159]

Quando o magistrado decide a demanda como sendo improcedente pela inexistência de provas ele está, forma disfarçada, manifestando uma verdadeira dúvida, em outras palavras, está afirmando "não sei". Está afirmando que não pode apreciar o mérito porque não sabe com quem está o direito, pois não foi

---

[158] Interessante o que refere Fredie Didier Jr.: "Fato e norma são elementos essenciais ao fenômeno jurídico: a eficácia jurídica surge após a incidência da hipótese normativa no suporte fático concreto (fato ou conjunto de fatos); *ex facto oritur jus*. O fato jurídico é exatamente o fato ou conjunto de fatos aptos a produzir efeitos jurídicos, em razão da incidência; o efeito jurídico é a conseqüência normativa que decorre do fato jurídico. Em qualquer postulação judicial, impõe-se ao requerente a descrição dos fatos e do enquadramento normativo do seu pleito. Isso acontece sempre, quer se trate de uma demanda inicial, quer se trate de um recurso, de uma contestação, de um requerimento de nulidade do ato, de produção de prova, de um juízo de retratação etc. Assim, na tarefa de aplicação do direito, o magistrado haverá de examinar, inexoravelmente, questões de fato (*quaestiones facti*) e questões de direito (*quaestiones iuris*)." (DIDIER JR., Fredie. *Curso de direito processual civil*. 12. ed. Salvador: Juspodium, 2010. v. I, p. 309). A partir do que refere o jurista baiano, resta livre de dúvidas que o juiz, para poder dizer o direito, tem de analisar os fatos. E, claro, só poderá analisar os fatos de forma adequada se tiver as provas sobre os fatos. Não tendo estas provas, não pode analisar os fatos, não pode dizer o direito. Não dizendo o direito, não houve analise de mérito e a consequência natural sobre a falta de análise do mérito a impossibilidade de incidência de coisa julgada material sobre a decisão proferida.

[159] CAMBI, 2003, p. 76.

possível extrair uma convicção, um juízo de certeza ou de alta probabilidade para um dos lados, apenas aplica regra de julgamento (*rectius* regra de decisão).

Isso porque não é possível afirmar que o autor está com a razão, mas também é impossível refutar de forma inequívoca que este também não está com a razão. O "não sei", com a devida vênia, não poderia ter o condão de adquirir o caráter de Coisa Julgada material, pois não foi este o compromisso que assumiu o Estado quando buscou para si o monopólio da justiça e vedou a justiça pelas mãos próprias.

Parece absolutamente plausível, sem qualquer turbulência, verificar que ambas as sentenças não são iguais. Isso porque a sentença que afasta a pretensão do autor por falta de provas não analisa o mérito da causa.

Não há análise de mérito quando a declaração do juízo se limita a afastar o pedido do autor em face da falta de provas. O mérito deixa de ser enfrentado porque os fatos que dão suporte a demanda não podem ser analisados em razão da falta de provas. A atividade cognitiva[160] do juiz, sem provas, resta inviabilizada. E estando inviabilizada, de que forma poderá o juízo analisar o mérito? Ademais, de que forma poderá ser prolatada uma sentença justa, que atenda aos mínimos requisitos de legitimação social para que possa pacificar um conflito se este não teve acesso aos elementos fundamentais para que pudesse entregar uma prestação jurisdicional satisfatória às partes?

Naturalmente que o juiz não poderá fazê-lo e apenas o faz, hoje, por um dever legal decorrente da opção política do legislador, opção essa que aqui se entende como equivocada. Não há razão para que se retire da parte o direito de ação quando o Estado não pode solucionar o confronto que se estabeleceu. Mesmo que se busque o argumento da estabilidade, este ainda não parece suficiente, pois da demanda nenhum efeito decorreu.

O réu, alvo da demanda, também não foi capaz de refutar a argumentação do autor. Assim como o autor não foi capaz de demonstrar, razoavelmente, a existência do seu direito, por isso, não verá atendido seu pleito e também arcará com os ônus decorrentes disso, como custas processuais e honorário sucumbenciais.

Impor ao jurisdicionado o ônus de ver sob suas costas o peso da Coisa Julgada material quando este, ao mesmo tempo que não logrou comprovar a existência de seu direito, também, não viu suas alegações rechaçadas, parece

---

[160] Sobre a importância da cognição, vale mencionar Kazuo Watanabe: "a importância da cognição não decorre somente desse fato. Resulta ela muito mais da própria natureza da atividade do juiz, que para conceder prestação jurisdicional precisa, na condição de terceiro que se interpõe entre as partes, conhecer primeiro das razões (em profundidade, ou apenas superficialmente, ou parcialmente, ou definitivamente, ou em caráter provisório). Tido isso se põe no plano da técnica de utilização da cognição) para depois adotar as providências voltadas à realização prática do direito da parte." (WATANABE, Kazuo. *Da cognição no processo civil*. 2. ed. São Paulo: Central de Publicações Jurídicas, 1999. p. 47).

claro que se trata de posição exacerbada, apenas para coroar o princípio da segurança jurídica.

Como salientado, não parecem existir motivos suficientes que possam refutar a ideia de que o jurisdicionado possua ampla legitimidade para, carreando novas evidências, pedir novamente o resguardo do Poder Judiciário. Não pode o jurisdicionado se tornar refém do Poder estatal de dizer se entende pela suficiência ou não das provas.

Se o Estado entende que não foram juntadas provas suficientes, então, que aponte por improcedente a demanda naquelas condições, mas não retire a possibilidade de uma nova demanda caso encontradas novas evidências que não estavam ao alcance do autor na época, seja porque foram omitidas por terceiros, seja pela falta de condições financeiras ou mesmo seja pela próprio avanço da ciência, que posteriormente venha a descobrir novos meios de comprovar as alegações. Não se trata, pois, de hipótese de incidência da chamada eficácia preclusiva prevista no art. 474 do Código de Processo Civil, na medida em que esta, vênia concedida, consome somente aquelas alegações e defesas que estavam ao alcance e a disposição da parte que poderia tê-las posto à apreciação e não o fez.

Além disso, que não se infira que tal entendimento irá colaborar para o eternizar dos conflitos, pois os direitos continuarão sujeitos à incidência da prescrição e decadência. Da mesma forma, existem outros meios de impedir que as demandas sejam repetidas sem critérios, tais como o instituto do *ne bis in idem*. Naturalmente que, para a propositura de uma nova demanda, novas evidências devem surgir. Pode-se, inclusive, cogitar de atribuir outro instituto já existente no ordenamento pátrio, que colabora para a limitação do ingresso das ações, que é a perempção.

Como a primeira vista a ideia de que as demandas improcedentes por falta de provas não podem qualificar-se com a incidência da coisa julgada material causa certa preocupação, pois pode gerar a impressão de um ataque à segurança jurídica, prudente imaginar hipóteses que atenuam a ideia, como forma de dirimir o impacto. Além da prescrição, decadência, perempção e *bis in idem*, para evitar que o leque de hipóteses de aplicação da ideia aventada permaneça demasiado ampla, é possível encontrar outros meio de limitar a incidência da posição aqui defendida, como, por exemplo, que tal proposição tenha lugar somente quando estiverem em questão, demandas que versem sobre direitos indisponíveis ou ainda naqueles direitos que possuem uma proteção especial do Estado,como o direito do consumidor.

Ou seja, resta claro que não se eternizarão os conflitos em razão do reconhecimento que tal comando judicial não qualifica-se com a Coisa Julgada material.

A sentença que não acolhe a pretensão do autor sem, contudo, afirmar que este não possui o direito pleiteado (pois essa é a natureza da sentença de improcedência por falta de provas, pois julga improcedente sem dizer a quem pertence o direito, limitando-se a aplicar regra de decisão) soluciona o processo, contudo não soluciona o conflito, não o pacifica nem restaura a ordem social, não oferece uma solução de mérito, não oferece justiça.[161]

Kazuo Watanabe, por exemplo, destaca a importância da cognição adequada para uma real análise dos fatos para que se possa entregar justiça para o jurisdicionado:

> Na solução de qualquer problema, seja jurídico ou matemático, o fundamental é montar a equação corretamente. Na equação do problema jurídico, o dado de direito é, evidentemente, de grande importância, mas relevância superlativa tem o dado fático. Analisar bem as provas, avaliando corretamente os fatos, não se deslembrando o juiz, jamais da advertência alhures feita de que "o profissional do direito (juiz, advogado ou promotor) não se deve envergonhar de lidar com os fatos, pois o direito nasce dos fatos", é condição fundamental para a prática da justiça. Quando se fala em julgamento por equidade, pensa-se logo no dado jurídico da equação, em afastar o rigor da norma jurídica, substituindo-a ou temperando-a com os princípios extraíveis "do senso ético-jurídico difuso na sociedade do seu tempo", que é o critério da equidade. Mas é no outro dado da equação – vale dizer, na reconstituição dos fatos através da avaliação equitativa das provas e demais elementos de convicção – que o juiz consegue, na maior parte das vezes, o que se costuma denominar de julgamento justo e equânime.[162]

Seguindo o que professou o autor suprarreferido, os fatos são parte indissociável da equação, cuja solução final é a sentença. A sentença que diz ser improcedente determinada demanda pela falta de evidências é sentença incompleta por natureza, assim como seria a equação incompleta sem um dos fatores essenciais para sua solução. Retirando-se um elemento essencial (seja da equação ou da sentença), seu resultado naturalmente não pode ser o correto e esperado. Assim, tanto a equação matemática terá um resultado numérico equivocado ou mesmo será a própria equação insolúvel. Da mesma forma, tal pensamento pode se aplicar à sentença. Retirando-se do magistrado a capacidade para analisar os fatos (no caso pela falta de provas), este resta impossibilitado de analisar o mérito e entregar uma sentença justa e equânime de acordo com os princípios do direito. Neste sentido, resta evidente que a análise do mérito não é realizada, por conseguinte, não há como outorgar a autoridade de Coisa Julgada material a tal sentença.

Tal aspecto, porém, é visto da perspectiva do autor. Contudo não é possível que se olvide o ponto de vista do réu, o qual também não pode ser prejudicado com uma sentença de procedência quando há dúvida. Assim, exatamente

---

[161] É o que afirma Eduardo Cambi: "Como a coisa julgada material inviabiliza a realização de outro processo para a rediscussão da mesma pretensão, o julgamento da primeira ação, na hipótese de falta ou insuficiência de provas, pode não somente eternizar uma injusta como também ser incapaz de gerar a segurança jurídica necessária à justa pacificação das controvérsias." (CAMBI, 2003, p. 76).

[162] WATANABE, 1999, p. 62.

FORMAÇÃO DA COISA JULGADA E PROVA PRODUZIDA

por isso que se impõe a improcedência da demanda. A dúvida não pode gerar a procedência do julgado. No entanto, é absolutamente exagerado impedir que o autor, com a colheita de novas evidências (seja por que razão for), perca o direito de acessar o Poder Judiciário para ver o seu direito reconhecido. Os fundamentos da sentença servem para que se possa interpretar e visualizar o seu alcance. No momento em que o julgador afirma que julga improcedente, pois não tem provas, é o mesmo que dizer que não pode julgar a demanda pela falta de elementos.

Como o *non liquet* é vedado no ordenamento brasileiro, o juiz é compelido a dar uma decisão a qual não pode ser outra que não a de improcedência. E quanto a isso não há qualquer objeção. A objeção está nas consequências que decorrem desta decisão. A impossibilidade de punir (pois se constitui em verdadeira punição) o jurisdicionado pela falta de provas é verdadeiro contrassenso às ideias processuais modernas, que almejam, cada vez mais, além da efetividade e celeridade, uma prestação jurisdicional verdadeira, efetiva que atenda às necessidades prementes da sociedade e dos cidadãos.[163]

Lógico que o Estado, por meio de seu representante, juiz, tem o direito de ficar em dúvida quanto à existência do direito em razão da falta de provas, pois, como ser humano, nem sempre poderá criar firmes convicções a respeito do que lhe é posto para apreciação. Ao mesmo tempo, em sentido oposto, o Estado não pode deixar o jurisdicionado sem uma resposta, pois assim se onerou quando assumiu o dever de prestação jurisdicional vedando a autotutela.

---

[163] Vale referir o que ensina Kazuo Watanabe: "o ponto de confluência das duas correntes é alcançado pela pesquisa dos aspectos constitucionais do processo civil. A importância desses estudos é ressaltada por Liebman, que observa que os diversos ramos do direito são partes constitutivas de uma unidade, encontrando-se ligados entre si por um princípio de coerência que torna essa unidade um todo indivisível, cujo centro é representado pelo direito constitucional. No Brasil, Frederico Marques e Ada Pellegrini Grinover, além de vários outros, têm dedicado o melhor de sua atenção à visão constitucional do processo. Nesses estudos constitucionais, particular consideração tem merecido o problema do acesso à justiça. Entre nós, o ponto de partida é o estudo do art. 5º, inc. XXXV, da Constituição Federal de 1988 (art. 141, § 4º, da Constituição de 1946; art. 150, § 4º, da Constituição de 1967, e art. 153, § 4º, da Emenda Constitucional de 1969) (que estava em vigor à época da 1ª edição deste livro), que inscreve o princípio da inafastabilidade do controle jurisdicional, também conhecido por princípio da proteção judiciária. Dele têm sido extraídos a garantia do direito de ação e do processo, o princípio do Juiz Natural e todos respectivos corolários. E tem-se entendido que o texto constitucional, em sua essência, assegura 'uma tutela qualificada contra qualquer forma de denegação de justiça', abrangente tanto das situações processuais como das substanciais. Essa conclusão fundamental tem servido de apoio à concepção de um sistema processual que efetivamente tutele todos os direitos, seja pelo esforço interpretativo que procure suprir as eventuais imperfeições, seja pela atribuição a certos institutos processuais, como o mandado de segurança, da notável função de cobrir as falhas existentes no sistema de instrumentos processuais organizado pelo legislador ordinário." (WATANABE, 1999, p. 25-27). O que se denota, então, da lição do processualista referido, é que a tutela de qualidade a que faz referência, é uma tutela que efetivamente possa oferecer justiça às partes. A tutela efetiva dos direitos depende, então, de questões que devem ir mais além da mera decisão formal, que busca "escapar pela tangente", o que, de certa forma pode ser aceito, compreendendo-se que em certa medida, as partes não produziram os elementos suficientes para um julgamento de mérito que esperavam, mas que, por outro lado, acaba retirando o direito de ação daquele que vê a ação ser julgada improcedente, quando, na verdade, estão só foi assim reconhecida pela inexistência de provas. Não houve qualquer manifestação quanto a existência ou não do direito, houve sim uma decisão, mas que nada solucionou, senão o mero processo formal.

A saída encontrada, então, na linha do já destacado, foi impor a improcedência quando há falta de elementos para um julgamento apropriado.

Caso entenda, todavia, que não existem provas suficientes, como poderá abordar as questões que levaram ao jurisdicionado a buscar guarida do Poder Judiciário? Certamente que a resposta é que este não poderá fazê-lo e, se assim não pode, também, não pode punir o cidadão lhe tolhendo a possibilidade futura de uma nova demanda com novos elementos.

Resta ainda mais evidenciada tal questão quando modernamente se estabelece que o autor não será necessariamente quem produzirá a prova. Uma vez que aí está a teoria da dinamização da prova, não há como sustentar que o autor deve suportar o ônus da inexistência da prova em sua demanda e como consequência suportar a existência da Coisa Julgada material sobre sua pretensão, pois, como se sabe, não necessariamente este terá o ônus da produção da prova. Da mesma forma que se pode afirmar que o juiz, hoje, é tão responsável pela busca da prova quanto as partes. Os poderes instrutórios lhe são amplamente conferidos exatamente para que sempre busque uma solução mais próxima da verdade possível e, por conseguinte, a mais justa possível.

Desse modo, quando, mesmo com todas essas circunstâncias, ainda assim inexistam provas insuficientes para que seja estabelecida uma convicção por parte do magistrado, parece, no mínimo, questionável se tal decisão tem o condão de fazer Coisa Julgada material, tornando àquela situação imune a novas iniciativas.[164]

Há que se destacar, ainda, que tratamento diverso merecem aquelas demandas em que existe a inversão completa do ônus da prova, como sói acontecer nas questões que envolvem direitos do consumidor. Em tais hipóteses (assim como nas demandas que são unicamente de direito), não há como buscar a aplicação do que aqui se defende, em razão da peculiar situação em que o réu deve provar que o fato não ocorreu da forma que foi afirmada pelo autor.

É evidente que uma nova demanda não poderá ser proposta com os mesmos elementos da anterior, pois resultado diferente não poderá ocorrer. É óbvio que novos elementos devem estar presentes. Assim como também é óbvio que esses elementos não poderiam estar ao alcance do jurisdicionado quando da propositura da primeira demanda, pois não se pode, outrossim, premiar a desídia daquele que possuía o interesse em ver seu direito tutelado.

A despeito dessas ressalvas, a objeção que se faz ao ordenamento como está hoje posto é que, mesmo sem se analisar o mérito da demanda, pois impossível em razão da falta de provas, ainda assim se outorga autoridade da Coisa Julgada material a tal decisão, quando, em realidade, o exame de mérito é essencial para a formação da coisa Julgada material.

---

[164] Novamente destaca-se o que já foi apontado em passagem anterior, não se trata aqui de hipótese de incidência da eficácia preclusiva da Coisa Julgada, conforme o art. 474 do Código de Processo Civil.

FORMAÇÃO DA COISA JULGADA E PROVA PRODUZIDA

Pois bem, ao comparar-se a mesma situação no processo coletivo, verifica-se que o julgamento por falta de provas não autoriza a formação da Coisa Julgada material, justamente em razão da não apreciação da causa de pedir e pela necessidade de existir julgamento exauriente, com cognição completa, o que é inviável quando inexistem provas suficientes.[165]

No processo coletivo, por se lidar com direitos que ultrapassam a esfera do indivíduo, já se reconheceu essa incapacidade da sentença de improcedência por falta de provas de fazer Coisa Julgada material. Contudo não se vislumbram fundamentos para que não se proceda da mesma forma quando se trata de processo individual. O direito individual é tão importante para a manutenção da paz social, assim como para a realização dos ideais do Estado constitucional, preocupado em distribuir não apenas um direito efetivo, mas também justo (pois efetividade sem justiça em nada atende as necessidades da sociedade) quanto aos direitos coletivos.

A míngua de argumentos para que não se reconheça, no processo individual, a ideia do processo coletivo parece restar evidenciada no equívoco da opção eleita pelo legislador. Configura-se uma retirada indevida e uma invasão na esfera do direito de ação, de acesso à justiça do jurisdicionado esta sentença a qual é atribuída a autoridade da Coisa Julgada material, não permitindo que futuramente, se encontradas novas evidências, leve-se novamente a discussão para o Poder Judiciário. O acesso à justiça é mais que o mero direito de se estar em juízo. Acesso à justiça é, verdadeiramente, o direito a ver solucionada efetivamente a demanda e o problema que esta traz em seu interior.

Ainda que o processo coletivo e o processo individual possuam ideologias diversas e que a própria Coisa Julgada tenha diferenças importantes, a exigência para sua formação é a mesma, ou seja, exame da causa de pedir frente ao pedido, para que garanta a análise do mérito.

Diante do que vem sendo exposto, parece inviável se desvincular a análise do mérito com a suficiência de provas para um verdadeiro julgamento da demanda. Quando se vai ao Judiciário, é porque existe uma crise social, uma crise entre membros da sociedade que não logram mais um entendimento e que necessitam um terceiro imparcial (o Estado, pois este assim se obrigou ao vedar a autotutela) para solucionar esta crise.

Uma vez que o juiz entende não ter elementos para solucionar esta crise, o que pode tranquilamente ocorrer, pois a sentença que este irá entregar as partes nada mais é que um ato de inteligência e de interpretação que nasce daquilo que lhe é entregue, este não tem alternativa senão reconhecer que faltam elementos para julgar a demanda. Se o que entregue pelas partes e se ele próprio ao buscar evidências ainda assim não as considera suficientes para que

---

[165] Como destaca Fabrício Veiga Costa: "pode-se afirmar que a cognição é a técnica que oportunizará ao julgador a possibilidade de valoração solitária das provas e dos argumentos fáticos e jurídicos suscitados pelas partes no processo." (VEIGA COSTA. 2012, p. 83).

crie convicção para dar uma solução final à demanda, o magistrado não tem alternativa senão reconhecer esta falta de elementos.

A consequência natural deste reconhecimento é que a crise estará solucionada apenas parcialmente, pois não se terá dito quem tem direito, nem quem não tem. Contudo cria-se outro problema. Retira-se o direito de ação daquele que nada teve resolvido. Assim, a crítica que aqui se está a apresentar é baseada na ideia de que o correto seria não permitir a formação de Coisa Julgada material quando há ausência de declaração jurisdicional afirmativa ou negativa que afasta definitivamente a pretensão na relação causa e pedido. Isso por que, nessa hipótese, a evidência, não houve análise de mérito e, portanto, ausente pressuposto essencial na formação da Coisa Julgada material, segundo atesta o próprio sistema processual.

Solução nessa linha não se constitui em absoluta novidade, pois a processualística contemporânea contempla hipótese similar, como se denota da tutela de direitos coletivos *lato sensu*.[166]

4.3. A NECESSÁRIA DIFERENCIAÇÃO ENTRE COISA JULGADA MATERIAL E COISA JULGADA *SECUNDUM EVENTUM PROBATIONIS*

É de se destacar ainda que Coisa Julgada material e Coisa Julgada *secundum eventum probationis* não são idênticas e, da mesma forma, as consequências de casa uma também não o são. A Coisa Julgada material é a qualidade da sentença que impede a repropositura da demanda sob qualquer fundamento. A Coisa

---

[166] Eduardo Cambi, mais uma vez, destaca ponto importante a respeito do tema. Especificamente falando sobre a coisa julgada *secundum eventum litis*, mas que o contexto é aplicável para a coisa julgada *secundum eventum probationis*. "Para evitar esses problemas, que poderiam trazer consequências negativas à tutela dos direitos transindividuais, o Direito Brasileiro criou a figura da coisa julgada secundum eventum litis. Isso significa que, dependendo do resultado do processo, diferente pode ser a implicação da coisa julgada material. Assim, pelo menos dois caminhos se abrem: i) sendo as provas suficientes e adequadas à elucidação das questões de mérito, a decisão, mesmo que a que rejeita a pretensão, produz coisa julgada material, não se admitindo a propositura de ação posterior, para rediscutir a matéria; ii) não havendo provas suficientes e adequadas para a compreensão da res in iudicium deducta, a decisão, malgrado possa ser considerada de mérito (já que apta, pelo menos sob os aspectos formais, ao julgamento da pretensão), não se reveste de autoridade da coisa julgada material, porque não convém politicamente emitir um juízo fictício de certeza, fundado no rigoroso mecanismo do ônus da prova (objetivo) como regra de julgamento, o que teria como resultado a produção da coisa julgada material inviabilizadora do ajuizamento de nova ação, com idêntico fundamento, mas com novas e melhores provas." (CAMBI, 2003, p. 84). Fica claro que a sentença de improcedência por falta de provas não poderia possuir esta capacidade de produzir coisa julgada material. Na sequência, o autor mencionado faz referência à paradoxal situação da existência de uma sentença de mérito sem que exista a produção de coisa julgada material. Aqui que existe discordância do referido doutrinador, pois, por tudo que vislumbra, a própria sentença, mesmo que ultrapassada a barreira das condições da ação, ainda assim não é sentença de mérito, e, por isso, deveria ser incapaz de produzir a coisa julgada material. Desta forma, resta superado o mencionado paradoxo, pois, uma vez reconhecida a impossibilidade de ser sentença de mérito aquela que julga improcedente, a demanda pela insuficiência ou falta de provas, em razão da impossibilidade de exame da causa de pedir, esta não estará apta a adquirir a autoridade da coisa julgada material.

Julgada *secundum eventum probationis*, por seu turno, é diferente, pois é, por meio dela que, com novas provas, será possível rediscutir a questão, e ambas não podem ser equiparadas. E o que se defende aqui, embora o sistema aponte em sentido diverso, é a impossibilidade de formação de Coisa Julgada material nas demandas tidas por improcedente em razão de insuficiência probatória. Não há qualquer objeção ao reconhecimento de Coisa Julgada *secundum eventum probationis,* ou seja, nos limites da prova apreciada. Isso porque a prova está intimamente ligada à causa de pedir. Vale dizer: o que se prova em juízo é a existência da causa e esta causa é essencial para o exame de mérito.

Em consonância ao exposto, acaba ganhando em importância a necessidade de diferenciação entre as espécies de Coisa Julgada, em que fica claro que estas não se dividem apenas em formal e material. Trata-se de equívoco dividir a Coisa Julgada apenas nesses dois grupos, quando, em verdade, existem outros que merecem destaque e que importam em consequências diferentes para o ordenamento uma vez admitidas como as mais adequadas para cada caso.

Conforme já colocado, no processo coletivo, a Coisa Julgada possui outras duas espécies importantes – a Coisa Julgada *secundum eventum litis* e a Coisa Julgada *secundum eventum probationis*. Para os fins do trabalho aqui em destaque, é importante a referência à Coisa Julgada *secundum eventum probationos*.

A diferença entre ambas é clara. A primeira, Coisa Julgada material, é, segundo a doutrina, aquela que "se constitui numa qualidade da sentença transitada em julgado – chamada, pela lei, de eficácia – que é capaz de outorgar ao ato jurisdicional as características da imutabilidade e da indiscutibilidade".[167]

Nesse sentido, há a impossibilidade de repropositura com a definitiva estabilização da demanda. Isso ocorre porque nasce a sentença que analisa o mérito da causa, sopesa as provas e os fatos e os têm como suficientes para formar convicção sobre a questão de fundo do feito e profere o comando judicial que poderá declarar o direito para o caso concreto. Por sua vez, a Coisa Julgada *secundum eventum probationis*, característica do processo coletivo, em especial na Ação Civil Pública, Ação Popular e Código de Defesa do Consumidor, é a Coisa Julgada que, segundo entende Eduardo Cambi:

> A técnica da cognição *secundum eventum probationis* foi utilizada pelo legislador brasileiro em diversos procedimentos, para, em razão da falta ou insuficiência de provas, impedir que a questão seja decidida – remetendo-se as partes para as "vias ordinárias" ou para discussão a ser travada em "ação própria" – ou para permitir que a causa seja decidida sem caráter de definitividade, a fim de que não seja alcançada com a autoridade da coisa julgada material.[168]

---

[167] PORTO, 2011, p. 70. Cabe ainda destacar o conceito de Eduardo Cambi: "A coisa julgada material – que é imutabilidade do dispositivo da sentença de mérito e de seus efeitos – torna impossível a rediscussão da causa, reputando-se todas as alegações e defesas que a parte poderia opor ao acolhimento ou rejeição do pedido". (CAMBI, 2003, p. 87).

[168] CAMBI, 2003, p. 77.

Dessa forma é aquela em que é possível ocorrer a repropositura da demanda, desde que novas evidências surjam. As diferenças são grandes e relevantes e, desse fato, decorrem algumas conclusões lógicas. Se a Coisa Julgada material é aquela que analisa o mérito e impede a repropositura da demanda exatamente porque entendeu não haver dúvidas quando a quem pertence o direito pleiteado e, por conseguinte, se a Coisa Julgada *secundum eventum probationis* permite a repropositura da demanda, pelo menos duas conclusões necessárias daí se retiram.

A primeira é de que a Coisa Julgada *secundum eventum probationis* não se confunde com Coisa Julgada material, pois não se propõe a estabilizar definitivamente a relação jurídica material. E a segunda é de que, não se tratando de Coisa Julgada material, ela não analisa o mérito da demanda, pois permite que a discussão seja trazida novamente ao Judiciário desde que com nova prova.

A Coisa Julgada cuja consequência é a estabilização da demanda é a Coisa Julgada material. A Coisa Julgada *secundum eventum probationis*, por natureza, não estabiliza a demanda de forma definitiva, pois, em suma, admite que, no feito, não houve condições de se determinar o direito para o caso concreto em razão de não existirem evidências para tal e que, por tal razão, em havendo a descoberta de novas provas, nova demanda poderá novamente ser ajuizada.

Isso leva à natural conclusão de que, quando não há provas suficientes, o mérito não é examinado, pois este exame de mérito que é a causa impeditiva da repropositura de demanda e que é o elemento estabilizador do comando judicial. Logo, reconhecendo-se que ambas são coisas julgadas diferentes e que ambas possuem características diversas, impõe-se reconhecer que as consequências também são outras.

A Coisa Julgada material é, então, aquela que impede o renascimento de uma demanda por analisar o mérito, por considerar suficientes as provas que foram produzidas para criar a convicção sobre quem é o titular do direito que a decisão deve dizer para o caso concreto.

De outro modo, a Coisa Julgada *secundum eventum probationis*, pelas suas próprias características, de permitir que a demanda seja retratada novamente, exclui-se por uma impossibilidade lógica, que tenha ocorrido a análise do mérito. Sendo a demanda improcedente pelo fundamento da insuficiência de provas, conclui-se que não houve análise do mérito e que, portanto, é possível reingressar no Judiciário desde que o autor se veja munido de novas provas.

O sistema atual, como já destacado, entende que a sentença julgada improcedente por falta de provas, no processo individual, qualifica-se com Coisa Julgada material. Isso por opção do legislador. No entanto, como também já se viu, o processo coletivo optou por um compreensão diferente, por privilegiar a justiça frente à estabilidade, impedindo que uma demanda que venha a não ter o mérito analisado possa fazer Coisa Julgada material. Pois nesse sentido, não se visualiza o porquê tal compreensão não possa ser adotada pelo processo individual, visto que é do interesse do Estado solucionar os conflitos da forma mais próxima à justiça quanto possível.

Admitindo que a sentença do processo individual de improcedência por falta de provas é necessariamente diferente daquela que é tida por improcedente com a análise completa do mérito, a aplicação da Coisa Julgada *secundum eventum probationis* para essas hipóteses é o caminho natural e irá prestigiar um Poder Judiciário mais preocupado em fornecer ao jurisdicionado um serviço mais próximo da justiça do que da simples solução pragmática e formal do caso.

4.4. A RELATIVIZAÇÃO DA COISA JULGADA PELO SUPREMO TRIBUNAL FEDERAL (REXT N° 363.889/DF). RELATIVIZAÇÃO OU INEXISTÊNCIA: UMA REFLEXÃO!

A despeito de outras Cortes já terem aventado a possibilidade de relativização da Coisa Julgada material nas demandas tidas por improcedentes por falta de provas, pode-se afirmar que um dos grandes precedentes que gerou ampla repercussão, em face da sua origem e autoridade, foi o Rext. 363.889/DF.[169] [170]

Mesmo que, no caso concreto, tenha sido aventada a ideia de que houve relativização da Coisa Julgada, entende-se, em realidade, que se trata de típico caso onde não deveria ocorrer a formação da Coisa Julgada Material, tal como concebida classicamente e, se assim fosse, inviável, a relativização. Isso porque seria impossível relativizar aquilo que não se formou.

Trata-se de precedente que cujas repercussões são de sérias consequências para o ordenamento pátrio, pois analisa, em apenas um julgado, institutos da envergadura da Coisa Julgada, do direito fundamental à prova, a identidade genética, estabelecendo um necessário balanceamento de valores.

A riqueza do precedente é enorme sendo necessário despender comentários acerca de tudo aquilo que busca demonstrar, pois, como dito, o corolário de sua pretensão pode sim balizar toda uma interpretação existente no ordenamento jurídico brasileiro. Contudo tal precedente serve como base para a análise da questão que aqui se debate.

Inicialmente, para que se bem compreenda o contexto do julgado que se busca fazer alguns comentários, é adequado um breve resumo, quase como um relatório, para contextualizar o tema e permitir que se compreenda porque adquiriu tamanha importância esse julgado, cuja relatoria pertenceu ao Ministro

---

[169] Voto do Ministro Toffoli em anexo.

[170] Em sentido diverso, entre outros, podem ser citados os Recursos Extraordinários n°s 594.350 e 594.892, de relatoria do Ministro Celso de Mello, que não admitiu a tese da relativização da Coisa Julgada.

Dias Toffoli, mas que, contudo, gerou discussão entre praticamente todos os membros da Corte de mais alta hierarquia deste país.

O caso concreto trata de uma repropositura de uma ação de investigação de paternidade, quando anteriormente já fora ajuizada demanda idêntica, com as mesmas partes que resultou na improcedência pela falta de provas. Restou consignado e plenamente caracterizado que a parte não pode produzir a prova por falta de condições econômicas, fato que gerou a improcedência da demanda e o não reconhecimento da paternidade.

Desde logo se percebe necessariamente a existência a respeito do direito fundamental à prova, haja vista que, por carência econômica, não se viabilizou a produção de elementos para que a demanda fosse adequadamente julgada. Ademais, trata ainda de outro direito fundamental que merece destaque: o direito à identificação genética.

No entanto, retomando a descrição da demanda, tendo o juízo *a quo* impedido o prosseguimento do feito em razão da existência de barreira processual – Coisa Julgada – o Recurso Extraordinário, chegando às mãos do Ministro Toffoli, recebeu tratamento diferenciado dando azo a um sem número de discussões processuais e materiais.

Entendeu o Ministro-Relator pela necessidade de relativização da Coisa Julgada em casos de investigação de paternidade em que não é possível estabelecer a efetiva existência do vínculo genético pela impossibilidade da produção do exame de DNA, basicamente a única prova que pode demonstrar cabalmente o vínculo sanguíneo entre as partes.

Entendeu da mesma forma que entraves processuais não podem impedir o exercício fundamental de busca à verdadeira informação genética, exatamente por ser um direito inerente aos direitos de personalidade, protegidos pela ordem constitucional brasileira. Em brevíssimas palavras, essa foi a celeuma entregue ao Supremo Tribunal Federal, o qual, por maioria de votos, deu provimento ao recurso, aceitando relativizar a Coisa Julgada. Vale ressaltar que restaram vencidos no julgamento em comento os Ministros Cezar Peluso e Marco Aurélio Melo.

Diversos são os tópicos que podem ser analisados no presente precedente, contudo, parece que os que saltam aos olhos são dois particularmente: 1) a relativização da Coisa Julgada material (ou incidência de Coisa Julgada *secundum eventum probationis*, conforme se entende, seria mais adequada) frente ao direito fundamental à identidade genética e; 2) a existência e o exercício do direito fundamental à prova.

Evidentemente que ambos estão diretamente ligados e, no caso concreto, parece inviável dissociá-los, considerando-se que o houve a relativização da Coisa Julgada utilizando-se também da ideia de que não foi possível o exercício do direito de prova pela incapacidade financeira da parte.

FORMAÇÃO DA COISA JULGADA E PROVA PRODUZIDA

Em razão de serem temas indissociáveis, opta-se, no momento, por explorar, primeiramente, pelo retorno à ideia da fundamentalidade do direito à prova, agora, no caso concreto, pois este naturalmente levará, ulteriormente, à análise sobre a existência de Coisa Julgada material.

Mister que se tenha uma distinção de caráter filosófico, mas importante para o caso em tela. O processo e o direito hoje são meios de solução de conflitos ou buscam sim a realização da justiça no caso concreto?

Trata-se de questionamento indispensável para a solução que se adota *in casu*. Isso porque a opção por uma ou por outra autoriza ou não determinado caminho. Não é novidade que parte da doutrina processual entende o processo como solucionador de conflitos acima da ideia de instrumento realizador de justiça.

Não parece, contudo, prudente abandonar a ideia de que o processo é sim, ainda, meio de realização de justiça em concreto; e não simples instrumento de resolução de conflitos. Isso fosse de outro modo, *maxima venia,* estar-se-ia abandonando a própria essência do direito. Certamente, solucionar os conflitos é uma tarefa importante, mas jamais se pode perder de vista a noção de que a busca pela realização da justiça é fundamental.

Assim, assumindo que a busca pela justiça concreta é, sim, um dos objetivos primordiais do direito, assim como a busca pela verdade, fica mais fácil imaginar a ideia de relativização da Coisa Julgada quando da inexistência de provas no processo. A partir da promessa da busca de uma reforma no pensamento de como se lida com o processo no ordenamento jurídico nacional, inevitável que sejam adotadas algumas mudanças que, ao longo do tempo, já vêm sendo imaginadas, como corolário natural da evolução da ciência processual.

A natural evolução das ciências (não seria diferente com o direito) induz certos institutos a um crescimento com o passar do tempo. O aumento em relevância em todo o ordenamento evidencia-se em uma consequência do acúmulo de conhecimento. Trilhando esta passagem evolutiva do ordenamento como um todo, inviável que se disserte sobre processo justo, hoje, sem que se permita um amplo e efetivo acesso ao direito probatório.

Isso porque do momento em que se consegue concretizar a ideia de que o processo é, também, um instrumento para realização de direitos fundamentais, necessariamente, é possível reconhecer que o direito probatório é, da mesma forma, um direito fundamental. É, efetivamente, um corolário lógico. Uma verdadeira legitimação social de pronunciamento judicial com caráter decisório (requisito indispensável para uma real e efetiva mudança do *status quo*) deve estar substanciada em evidências concretas e suficientes trazidas pelas partes e pelo próprio juízo, quando necessário.

Há muito que se debate sobre o direito probatório. Não há como negar sua importância para a realização do direito, como um segmento da ciência do direito que busca, ao fim e ao cabo, não apenas a solução de conflitos, mas sim a justiça.

Em um verdadeiro Estado constitucional, só é possível referência a existência de um processo justo quando se admite que as partes desempenhem seus direitos de forma ampla, sem restrições.

Resta evidente que a prova exerce função fundamental. Hoje, já parece inviável que não se reconheça o caráter de direito fundamental, ainda mais em uma interpretação sistemática, à luz da Constituição Federal.

A prova, como já mencionado, é um canal viabilizador para a realização do direito. Constitui-se em uma pilastra do processo, ainda mais com ideia de um processo a luz da constituição, que está sempre em consonância com os direitos fundamentais.

A ideia de o direito a prova ser um direito fundamental aumenta a responsabilidade do Estado. Isso porque, especialmente no caso particular, a parte não pode produzir a prova que atestaria cabalmente sua identidade genética por falta de capacidade financeira.

A pergunta que se impõe, naturalmente, é de que, pode o Estado, ao mesmo tempo que confere um direito fundamental (como é o caso da produção de prova e também da identificação da origem genética), impedir o jurisdicionado de continuar em sua busca posteriormente, uma vez que, por falta de recursos, não pôde produzir o exame necessário para comprovação de seu direito? E mais, é possível que o jurisdicionado seja prejudicado em seu direito fundamental, quando o próprio Estado garante o acesso gratuito à justiça para aqueles que não possuem condições econômicas de arcar com os custos de um processo judicial?

Tais questionamentos devem ser respondidos a partir da análise do instituto da Coisa Julgada material frente ao direito fundamental da identidade genética, inserido na grande cláusula da dignidade da pessoa humana.

Reconhecendo o direito à prova como um direito fundamental e como base para um Estado democrático de direito, agora se pode adentrar pelo debate vindo à baila pelo precedente aqui analisado.

A estabilidade das relações jurídicas, sabe-se, constitui-se também em base para um Estado Democrático minimamente organizado. A Coisa Julgada é instituto que permite, por sua própria essência, esta estabilidade por impedir que se eternizem os conflitos. É de sua essência impedir que a eterna inconformidade do ser humano continue se manifestando incessantemente quando vê uma pretensão rechaçada pelo Judiciário.

A Coisa Julgada, como destacado no curso do presente trabalho, possui força e eficácia suficientes para impedir o prosseguimento eterno das lides. Contudo, no presente caso, apresenta-se curiosa tentativa. Decidiu o Supremo Tribunal Federal pela relativização da Coisa Julgada no caso em tela com intuito de privilegiar a busca pela realização de um direito fundamental diverso, que é o já referido direito à identidade genética, sendo este um corolário da própria dignidade da pessoa humana.

Fica evidenciada, assim, a existência de um conflito, no caso concreto, entre dois direitos fundamentais, sejam eles direitos ou consequências naturais de outros direitos fundamentais. O fato é que se apresentou um conflito legítimo em que um deles necessariamente deveria ser desprestigiado para que ocorresse a prevalência do outro.

Desse modo, entendeu o Supremo Tribunal Federal, a partir do voto condutor do Ministro relator, que, em razão da demanda anterior ter sido julgada improcedente por falta de provas, o Estado falhou em fornecer uma resposta cabal ao jurisdicionado, e que, em razão disso, deveria a Coisa Julgada ser relativizada, para que se aceitasse a propositura da demanda novamente.

Percebe-se um pequeno, porém fundamental, detalhe da leitura do acórdão e que, se bem explorado, pode ser de vital importância para diferenciação de conceitos, hoje, talvez não tão bem observados na doutrina. Conquanto o acórdão entenda necessária a relativização da Coisa Julgada material e assim o faça, destaca que, nessas hipóteses, não deveria se formar a Coisa Julgada e até mesmo, assinala a necessidade de adequação legislativa, conforme se depreende da seguinte passagem:

> Para tanto, é imperativo que a jurisprudência desta Corte, uma vez mais, avance, da forma como vem sendo feita ao longo dos anos, para permitir a relativização da coisa julgada ora proposta, o que certamente influirá no sentido de que o Poder Legislativo da nação também avance nesse sentido, editando norma legal expressa a prever que, em hipóteses como essa descrita nestes autos, não se estabeleça coisa julgada em ações investigatórias de paternidade cujo veredicto decorreu de uma deficiente e inconclusiva instrução probatória.

A pergunta que necessita ser respondida é por que relativizar algo que não deveria ter se formado, segundo a própria linha de argumentação do acórdão?

Claro que, a *prima facie*, de fato, parece complexa a questão, e não se nega que possua determinada dificuldade. Contudo, hodiernamente, muito se comenta em relativização da Coisa Julgada sem que se medite adequadamente sobre as consequências que esta possa ter no tocante ao próprio ordenamento jurídico.

A verdade é que se almeja sempre a relativização ou a própria desconsideração da Coisa Julgada sem considerar que a realidade impede que os conflitos sejam constantemente reeditados. Entende-se que existem casos, como é o em comento, que, de fato, não há como prevalecer a Coisa Julgada. Contudo são casos excepcionalíssimos e que deveriam sempre estar expressamente referidos em lei, como, aliás, preconiza o acórdão que percebe que a situação não deveria ensejar a formação de Coisa Julgada Material.

No ordenamento brasileiro, na mesma linha, já há referência absolutamente saudável quanto à existência de situações em que a insuficiência de provas impede a formação de Coisa Julgada material, como referido. São os casos previstos na sentença de improcedência por falta de provas, prevista na Lei da Ação Civil Pública, da Ação Popular e no próprio Código de Defesa do Consumidor.

Em todas essas normas, está expressamente prevista a impossibilidade de formação da Coisa Julgada material quando se julgar improcedente a demanda por falta de provas, nesse particular caso, idêntico ao em comento, contudo em situação diversa por se tratar de processo individual, não é desse modo que o sistema oferece solução.

Não há como negar que a evolução técnica permite que futuramente se prove o que hoje não é viável. No caso do direito da identidade genética, não parecem restar dúvidas de que não é possível aceitar que, por uma falha estatal em financiar o exame, pois tinha o dever de fazê-lo, reste o jurisdicionado inviabilizado na realização de um direito de personalidade. Mas o que de fato se entende saudável para o ordenamento, e que, inclusive, em determinado ponto, foi sugerido pelo próprio Ministro-Relator, é que se estabeleçam situações nas quais não exista Coisa Julgada material.

Isso, por algumas razões. Primeiramente, porque quando se deixa de relativizar um instituto, mesmo que indiretamente, está-se fortalecendo ele para as ocasiões em que se precisa afirmar a sua existência. A ideia de reconhecer que, em algumas ocasiões, efetivamente, a Coisa Julgada material não existe, por circunstâncias inerentes à situação concreta, apenas o tornará mais forte para afirmar sua existência nas demais ocasiões, pois não se terá dúvidas quanto à sua força e eficácia.

Ademais, efetivamente, é difícil levar adiante a ideia de que o Estado cumpriu com seu dever jurisdicional de prestação de um serviço eficiente quando julga improcedente uma demanda por falta de provas, pois, em última *ratio,* não resolve o conflito material.

Parece inviável sustentar a ideia de que houve uma análise do mérito em razão da clara e evidente falta de elementos necessários para que este fosse adequadamente apreciado. Impedir que o jurisdicionado venha ter sua demanda adequadamente julgada em razão da inexistência de meios para provar o que afirma parece ser um contrassenso com a ideia de busca de justiça.

Evidentemente que aqui não se busca eternizarem os conflitos, conforme já afirmado, mesmo porque o direito ainda estaria sujeito à prescrição e decadência. Contudo, quando o Estado afirma expressamente que não pode confirmar a existência ou inexistência do direito por não possuir elementos para formar convicção, não parece legítimo poder impedir o jurisdicionado de buscar novamente o seu direito se posteriormente venha propor em nova oportunidade a ação rejeitada por falta de provas, acaso obtenha novos elementos.

FORMAÇÃO DA COISA JULGADA E PROVA PRODUZIDA

O que de fato resolveria o problema seria o reconhecimento de que, em hipóteses como a em comento, existe Coisa Julgada *secundum eventum probationis*, que, como já destacado, permite a renovação da demanda, desde fundamentada em novas provas. Tal sutileza merece destaque e faria toda a diferença no sistema jurídico nacional. Uma vez estabelecido que determinadas situações não fazem jus a existência de Coisa Julgada material, estar-se-ia deixando expresso todas ou grande partes dessas situações, vindo a por um fim no constante debate da relativização da Coisa Julgada, que traz insegurança para a sociedade.

A partir do momento que se reconhecesse que as demandas que são julgadas improcedentes por falta ou insuficiência de provas não fazem Coisa Julgada material, mas sim Coisa Julgada *secundum eventum probationis*, a questão da relativização nessas hipóteses estaria solucionada. Isso porque, de fato, não haveria relativização. Se reconheceria a Coisa Julgada, mas Coisa Julgada que, com novas evidências, permitiria a nova demanda.

A Coisa Julgada material, que aqui ou ali tem sido alvo de relativização, estaria a salvo e não seria enfraquecida pela constante busca de sua quebra. A importância para o sistema de ter uma Coisa Julgada material forte para que seja assegurada a estabilidade dos julgados é tão significativa quanto a busca pela justiça, razão pela qual a equação estabilidade-justiça merece alguma adequação, exatamente com o intuito de fortalecer e prestigiar o direito.

Claro que, para a aplicação desta solução, necessariamente deveriam ocorrer mudanças de algumas pré-compreensões que hoje estão amplamente consagradas em nosso sistema.[171] Sabe-se que a quebra deste paradigma não

---

[171] Heidegger e Gadamer, dois dos mais importantes pensadores a respeito da hermenêutica, dedicaram parte de sua obra ao estudo da teoria da interpretação. A conclusão de que existem pré-compreensões parte de uma conclusão simples: a de que partimos de uma estrutura já anteriormente reconhecida por nós e que nos leva a ter um preconceito (retirado todo o caráter pejorativo usualmente dado à palavra) relativo a quase todas as situações que se apresentam. E cada indivíduo pode dar uma interpretação diversa, produzindo uma riqueza imensurável de opiniões e visões a respeito de um mesmo fato, de um mesmo texto, por exemplo. Como bem refere Gadamer, "compreender é então um caso especial da aplicação de algo geral a uma situação concreta e particular" (GADAMER, Hans-Georg. *Verdade e método I*: traços fundamentais de uma hermenêutica filosófica. Trad. Flávio Paulo Meurer. Rev. Trad. Enio Paulo Giachini. Petrópolis: Vozes, 1997. p. 465). Tendo em vista a utilização da hermenêutica na ciência jurídica (a segunda absolutamente dependente da primeira), tanto o legislador como o operador do direito lidam com fatos que possuem compreensões diversas, razão pela qual existem os debates judiciais. A verdade é que hoje existem compreensões e pré--compreensões que são apenas um reflexo do costume que se criou e que foi transmitido ao longo do tempo, que já não possuem maior pensar sobre o porquê certas situações são interpretadas desta ou daquela forma. Como refere Giovanni Reale "os preconceitos que formam a pré-compreensão do intérprete são fruto de elaborações do passado. Ideias a ideais são-nos transmitidos pela tradição" REALE, Giovanni. *História da filosofia*: de Nietzche à escola de Frankfurt. São Paulo: Paulus, 2006. v. 6, p. 249. Resta evidente que o passado exerce papel fundamental na forma como "lemos" aquilo que nos é apresentado. O operador do direito não seria diferente. Aduz Gadamer: "É verdade que o jurista sempre tem em mente a lei em si mesma. Mas seu conteúdo normativo deve ser determinado ao caso em que deve ser aplicado. E para determinar com exatidão esse conteúdo, não se pode prescindir de um conhecimento histórico do sentido originário, e só por isso que o intérprete jurídico leva em conta o valor posicional histórico atribuído a uma lei em virtude do ato legislador. No entanto ele não pode prender-se ao que informam os protocolos parlamentares sobre a intenção dos que elaboraram a lei. Ao contrário, deve admitir que as circunstâncias foram mudando, precisando assim determinar de novo a função normativa da lei." (GADAMER, 1997, p. 429). A partir disso,

é simples, mas talvez, como mencionado, com intuito de fortalecer o próprio instituto da Coisa Julgada, talvez, seja saudável considerar a hipótese aqui aventada, estabelecendo que para determinados casos, como já existente no ordenamento, em especial no que tange ao processo coletivo, não haja a incidência de Coisa Julgada material, em especial na improcedência por falta de provas.

Portanto, algumas hipóteses jurisprudenciais que remetem para a ideia de relativização da Coisa Julgada, em verdade, embora em sintonia com o sistema, incidem em erro em sua premissa de imaginar que há Coisa Julgada material para o caso. Para existir Coisa Julgada material, é necessária a análise do mérito da questão. Em análise mais cuidadosa, percebe-se que efetivamente não deveria existir Coisa Julgada material, mas sim Coisa Julgada *secundum eventum probationis*. Existe Coisa Julgada material, entretanto, como já destacado, para o sistema em razão de sua opção política. Contudo tal opção parece estar equivocada e em desacordo com o que se compreende hoje por Estado constitucional que visa distribuir efetividade e justiça para os jurisdicionados.

---

resta evidente concluir que sim, o passado é importante, mais, é vital, para qualquer pré-compreensão, mas que, entre idas e vindas, para que se logre uma evolução, em qualquer área, é preciso romper com esses preconceitos já enraizados na sociedade. Mais uma vez, vale a menção a Giovanni Reale: "Enfrentamos um texto com o conjunto de expectativas ou pré-conceitos (vor-urteile) que constituem nossa Vor-verständnis ou pré-compreensão. E é em base a esta pré-compreensão nossa que damos uma primeira interpretação do texto; tal primeira interpretação do texto não é mais que uma conjetura nossa sobre a mensagem ou conteúdo do texto" (REALE, 2006, p. 249). Assim, todo o ser humano é dotado de pré-compreensões (que é, nada menos do que o patrimônio cultural absorvido pelo indivíduo ao longo de sua vida), as quais carrega consigo e que aplica em sua vivência, fazendo parte do seu círculo hermenêutico.

5. Conclusão

De tudo que foi exposto, resta evidente que a prova no processo é elemento intimamente ligado à causa de pedir quando necessária à comprovação de fatos, pois aquela deve demonstrar a existência desta. Igualmente, restou evidenciado que só há formação de Coisa Julgada material quando existe exame de mérito, ou seja, quando a decisão examina o pedido à luz da causa de pedir.

Consoante demonstrado no curso do presente trabalho, na hipótese da demanda ser julgada improcedente por falta de provas, indiscutivelmente, o juízo, ao assim proceder, não analisa o mérito da causa, visto que deixa de declarar se há ou não o direito apresentado *in status assertiones*. Se não há exame de mérito, pela lógica do sistema, não deveria ocorrer a formação de Coisa Julgada material. Entretanto, o sistema processual, por opção político-legislativa, entendeu por equiparar situações diversas como se idênticas fossem e, por conseguinte, extrai da diversidade de situações a mesma consequência, qual seja, a formação de Coisa Julgada material, circunstância que não deveria se projetar, no mínimo, no campo dos direitos indisponíveis, face à circunstância de que não pode a conduta processual da parte (que não logrou demonstrar a procedência da alegação) gerar consequências insuperáveis sobre aquilo que não está na sua órbita de disponibilidade.

Diante da diferença de situações (a decisão que não aprecia o mérito por falta de provas e a decisão que aprecia o mérito acolhendo ou rejeitando o pedido), seria uma consequência lógica que estas merecessem tratamento diverso.

Nessa linha, adequado sugerir, para correção daquilo que se entende equivocado no ainda vigente CPC, uma alteração no art. 269, I, do Código de Processo Civil.[172] Dessa forma, equalizando o sistema processual do processo individual ao sistema do processo coletivo, onde já se reconhece com tranquilidade a ideia de formação de Coisa Julgada *secundum eventum probationis* nas hipóteses em que a demanda for julgada improcedente pela insuficiência probatória. E isso significa que, perante nova prova, autorizada está nova demanda.

---

[172] No último projeto do CPC, do Senador Valter Pereira, no art. 474, I.

Desse modo, com o fito de aperfeiçoar o sistema, sugere-se alteração da redação do citado art. 269, I do Código de Processo Civil para: "269 – Haverá resolução de mérito: I – quando o juiz acolher ou rejeitar o pedido do autor, salvo na hipótese de rejeição pela insuficiência de provas".

Assim, além de colocar em sintonia o sistema processual individual e o coletivo, estar-se-á excetuando da formação de Coisa Julgada a decisão que não examina o mérito, como, aliás, é a proposta ideológica do sistema processual.

Referências bibliográficas

ABELHA RODRIGUES, Marcelo. *Processo civil ambiental.* 3. ed. São Paulo: Revista dos Tribunais, 2011.

AFONSO DA SILVA, José. *Curso de direito constitucional positivo.* 35. ed. São Paulo: Malheiros, 2012.

ALLORIO, Enrico. *La cosa giudicata rispetto ai terzi.* Giuffrè: Milano, 1992.

ALVARO DE OLIVEIRA, Carlos Alberto; MITIDIERO, Daniel. *Curso de processo civil.* 2 ed. São Paulo: Atlas, 2012. v. 2.

AMARAL SANTOS, Moacyr. *Prova judiciária no cível e no comercial.* São Paulo: Saraiva, 1983. v. I.

ARENHART, Sérgio Cruz. *A tutela coletiva de interesses individuais:* para além da proteção dos interesses individuais homogêneos. São Paulo: Revista dos Tribunais, 2013.

ASSIS, Araken de. *Cumulação de ações.* 2. ed. São Paulo: Revista dos Tribunais, 1995.

ASSUMPÇÃO NEVES, Daniel Amorim. *Manual de processo coletivo.* São Paulo: Método, 2012.

AURELIANO DE GUSMÃO, Manoel. *Coisa julgada.* São Paulo: Saraiva, 1922.

ÁVILA, Humberto. *Segurança Jurídica – Entre Permanência, Mudança e Realização no Direito Tributário.* São Paulo: Malheiros, 2011

——. *Teoria dos princípios.* 13. ed. São Paulo: Malheiros, 2011.

BAPTISTA DA SILVA, Ovídio Araújo. *Curso de processo civil.* São Paulo: Revista dos Tribunais, 2000. v. I.

BARBOSA MOREIRA, José Carlos. *Litisconsórcio unitário.* Rio de Janeiro: Forense, 1972.

——. *Temas de direito processual:* primeira série. 2. ed. São Paulo: Saraiva, 1988.

——. *Temas de direito processual:* quarta série. São Paulo: Saraiva, 1989.

——. *Temas de direito processual:* segunda série. São Paulo: Saraiva, 1980.

——. *Temas de direito processual:* terceira série. São Paulo: Saraiva, 1984.

——. *Tutela jurisdicional dos interesses coletivos ou difusos:* temas de direito processual civil. São Paulo: Saraiva, 1984b.

BARROSO, Luis Roberto. *Curso de direito constitucional contemporâneo.* 3. ed. São Paulo: Saraiva, 2012.

BAUMAN, Zygmunt. *O mal-estar da pós-modernidade.* Trad. Mauro Gama, Cláudia Martinelli Gama. Rio de Janeiro: Jorge Zahar, 1998.

BOBBIO Norberto. *El futuro de la democracia.* Trad. José F. Fernández Santillán. México: Fondo de Cultura Económica, 1999.

BRASIL. Supremo Tribunal Federal. Recurso Extraordinário. Rel. Ministro José Antônio Dias Tofoli, Primeira Turma, julgado em 02/06/2011, DJe 15/12/2011). Disponível em: <http://www.stf.jus.br/portal/processo/verProcessoAndamento.asp?incidente=2072456>. Acesso em: 14. fev. 2014.

CALMON DE PASSOS, José Joaquim. *Comentários ao código de processo civil.* 8. ed. Rio de Janeiro: Forense: 2000. v. III.

CAMBI, Eduardo. Coisa julgada e cognição *secundum eventum probationis*. *RePro*, n. 109, jan./mar. 2003.

——. *Neoconstitucionalismo e neoprocessualismo*. São Paulo: Revista dos Tribunais, 2010.

CAPPELLETTI, Mauro. Conferências do Prof. Mauro Cappelletti. *Separata da Revista do Ministério Público*, v. 1, n. 18, Porto Alegre, 1985.

CARPES, Artur. *Ônus dinâmico da prova*. Porto Alegre: Livraria do Advogado, 2010.

CASSAD, Robert C.; CLERMONT, Kevin M. *Res Judicata – A handbook on its theory, doctrine, and practice*. Durham: Carolina Academic Press, 2001.

CASTRO MENDES, João de. *Do conceito jurídico da prova em processo civil*. Lisboa: Atica, 1961.

——. *Limites objetivos do caso julgado em processo civil*. Lisboa: Atica, 1968.

CHEVALLIER, Jacques. *O Estado pós-moderno*. Trad. Marçal Justen Filho. Belo Horizonte: Forum, 2009.

CHIOVENDA, Giuseppe. *Instituições de direito processual civil*. 2. ed. Campinas: Bookseller, 2000. v. III.

COUTURE, Eduardo J. *Fundamentos del derecho procesal civil*. Buenos Aires: Depalma, 1977.

CRUZ E TUCCI, José Rogério. *A causa petendi no processo civil*. 2. ed. São Paulo: Revista dos Tribunais, 2001.

——. *A motivação da sentença no processo civil*. São Paulo: Saraiva, 1987.

——. *Limites subjetivos da eficácia da sentença e da coisa julgada civil*. São Paulo: Revista dos Tribunais, 2007.

DAL PAI MORAES. Paulo Valério. *Conteúdo interno da sentença*: eficácia e coisa julgada. Porto Alegre: Livraria do Advogado, 1997.

DELLORE, Luiz. *Estudos sobre coisa julgada e controle de constitucionalidade*. Rio de Janeiro: Forense, 2013.

DIDIER JR., Fredie. *Curso de direito processual civil*. 12. ed. Salvador: Juspodium, 2010. v. I.

——; SARNO BRAGA, Paulo; OLIVEIRA, Rafael. *Curso de direito processual civil*. 7. ed. Salvador: Podium, 2012. v. II.

——; ZANETTI JR., Hermes. *Curso de direito processual civil*. 5. ed. Salvador: Podium, 2010. v. IV.

DIDIER JR, Fredie. *Fundamentos do Princípio da Cooperação no Direito Processual Civil Português*. Coimbra: Coimbra Editora.

DINAMARCO, Cândido Rangel. *Capítulos de sentença*. São Paulo: Malheiros, 2002.

——. *Fundamentos do processo civil moderno*. São Paulo: Revista dos Tribunais, 1986.

——. *Instituições de direito processual civil*. São Paulo: Malheiros, 2001. v. III.

DONIZETTI, Elpídio; MALHEIROS CERQUEIRA, Marcelo. *Curso de processo coletivo*. São Paulo: Atlas, 2010.

DWORKIN, Ronald. *Levando os direitos a sério*. Trad. Nelson Boeira. São Paulo: Martins Fontes, 2002.

ECHANDÍA, Hernando Devis. *Compendio de la Prueba Judicial*. 5. ed. Buenos Aires: Victor P. de Zavalia, 1981. Tomo I.

ESTELLITA, Guilherme. *Da cousa julgada*: fundamento jurídico e extensão aos terceiros. Rio de Janeiro: 1936.

FARIA KRÜGER THAMAY, Rennan. *A relativização da coisa julgada pelo Supremo Tribunal Federal*: o caso das ações declaratórias de (in)constitucionalidade e arguição de descumprimento de preceito fundamental. Porto Alegre: Livraria do Advogado, 2013.

FAVELAN, José Ovalle; BERIZONCE, Roberto Omar. Administración de justicia en iberoamérica y sistemas judiciales comparados – La administración de justicia en Argentina. UNAM, 2006.

FREITAS RANGEL, Rui Manuel de. *O ónus da prova no processo civil*. Coimbra: Almedina, 2000.

GADAMER, Hans-Georg. *Verdade e método I*: traços fundamentais de uma hermenêutica filosófica. Trad. Flávio Paulo Meurer. Rev. Trad. Enio Paulo Giachini. Petrópolis: Vozes, 1997.

GARCÍA-PELAYO, Manuel. *As transformações do estado contemporâneo*. Trad. Agassiz Almeida Filho. Rio de Janeiro: Forense, 2009.

GIDI, Antonio. *Las acciones colectivas y a tutela de los derechos difusos, colectivos e individuales em Brasil*: um modelo pra países de derecho civil. Trad. Lucio Cabrera de Acevedo. México: Universidad Nacional Autônoma de México, 2004.

——. *Rumo a um código de processo civil coletivo*. Rio de Janeiro: GZ, 2008.

GOLDSCHMIDT, James. *Derecho procesal civil*. Trad. Leonardo Prieto Castro. Labor: Barcelona, 1936.

GOMES CANOTILHO, José Joaquim. *Direito constitucional*. 6. ed. Lisboa: Almedina, 1993.

HARVEY, David. *Condição pós-moderna*. São Paulo: Edições Loyola, 1992.

HARZHEIM MACEDO. Elaine . A sentença no processo coletivo e o conflito ambiental. In: BERIZONCE, Roberto O.; ROSA TESHEINER, José Maria; KRÜGER THAMAY, Rennan Faria (Coords). *Los procesos colectivos*: Argentina y Brasil. Buenos Aires: Cathedra Juridica, 2012.

——; SANTOS MACEDO, Fernanda dos. *O direito processual civil e a pós-modernidade*. Disponível em: <http://www.professoraelaine.com.br/index.php/artigos/40-o-direito-processual-civil-e-a-pos-modernidade>. Acesso em: 09 mar. 2014.

HITTERS, Juan Carlos. Alcance de la cosa juzgada en los procesos colectivos. In: BERIZONCE, Roberto O.; ROSA TESHEINER, José Maria; KRÜGER THAMAY, Rennan Faria. *Los procesos colectivos*: Argentina y Brasil. Buenos Aires: Cathedra Juridica, 2012.

JAUERNIG, Othmar. *Direito processual civil*. Trad. F. Silveira Ramos. 25. ed. Lisboa: Almedina, 2002.

JAYME, Erik. *Cours général de droit intenacional prive, In recueil des cours,* Académie de Droit Intenacional, 1997.

KAUFMANN, Arthur. *La filosofia del derecho em la posmodernidad*. Tradução de Luis Villar Borda. Santa Fe de Bogotá: Temis, 1992.

KUMAR, Krishan. *Da sociedade pós-industrial à pós-moderna*. Rio de Janeiro: Jorge Zahar Editor, 1997.

LACERDA, Galeno. *Teoria geral do processo*. Rio de Janeiro: Forense, 2000.

LIEBMAN, Enrico Tullio. *Manual de derecho procesal civil*. Buenos Aires: EJEA, 1980.

——. *Eficácia e autoridade da sentença e outros escritos sobre a coisa julgada*. Trad. Alfredo Buzaid e Benvindo Aires. 4. ed. Rio de Janeiro: Forense, 2006.

——. *Manual de direito processual civil*. Tradução: Cândido Rangel Dinamarco. 2. ed. Rio de Janeiro: Forense, 1985. v. I.

LIPOVETSKY, Gilles. *Os tempos hipermodernos*. Tradução de Mário Vilela. São Paulo: Barcarolla, 2004.

LYOTARD, Jean-François. *O pós-moderno*. Rio de Janeiro: Olympio, 1986.

MANCUSO, Rodolfo de Camargo. *Ação popular*. 4. ed. São Paulo: Revista dos Tribunais, 2001.

——. *Ação popular*: proteção do erário, do patrimônio público, da moralidade administrativa e do meio ambiente. 3. ed. São Paulo: RT, 1998.

——. *Jurisdição coletiva e coisa julgada*: teoria geral das ações coletivas. 3. ed. São Paulo: Revista dos Tribunais, 2012.

MARINONI, Luiz Guilherme. *Coisa julgada inconstitucional*. São Paulo: Revista dos Tribunais, 2008.

——; ARENHART, Sérgio Cruz. *Manual do processo de conhecimento*. 4. ed. São Paulo: Revista dos Tribunais, 2005.

——; ——. *Provas*. São Paulo: Revista dos Tribunais, 2011.

MITIDIERO, Daniel. *Colaboração no Processo Civil – Pressupostos sociais lógicos e éticos*. São Paulo: Revista dos Tribunais.

MARQUES, José Frederico. *Instituições de direito processual civil*. Rio de Janeiro: Forense, 1960. v. 1.

MIELKE SILVA, Jaqueline. *Os limites subjetivos da coisa julgada na ação civil pública e a realização de direitos fundamentais*. Porto Alegre: Verbo Jurídico, 2012.

MONTENEGRO FILHO, Misael. *Curso de processo civil*. 8. ed. São Paulo: Atlas, 2012. v. I.

NERY JR, Nelson; NERY, Rosa Maria de Andrade. *Código de processo civil comentado e legislação extravagante*. 6. ed. Revista dos Tribunais: São Paulo, 2002.

——; ——. *Código de Processo Civil comentado e legislação extravagante*. 10. ed. São Paulo: Revista dos Tribunais, 2007.

NEVES, Celso. *Coisa julgada civil*. São Paulo: Revista dos Tribunais, 1971.

OLIVEIRA DE LIMA, Paulo Roberto. *Contribuição à teoria da coisa julgada*. São Paulo: Revista dos Tribunais, 1997.

PASSO CABRAL, Antonio do. Coisa julgada e preclusões dinâmicas: entre continuidade, mudança e transição de posições processuais estáveis. Salvador: Juspodium, 2013.

——. *Nulidades no Processo Moderno*. Rio de Janeiro: Forense, 2009.

PONTES DE MIRANDA, Francisco Cavalcanti. *Tratado de direito privado*. 4. ed. São Paulo: Revista dos Tribunais, Tomo III.

PORTO, Sérgio Gilberto. *Ação rescisória atípica*: instrumento de defesa da ordem jurídica. São Paulo: Revista dos Tribunais, 2009.

——. *Coisa julgada civil*. 4. ed. São Paulo: Revista dos Tribunais, 2011.

——. Revisita à coisa julgada: a necessária adequação à natureza do direito posto em causa e seus reflexos na tutela ambiental. In: BERIZONCE, Roberto O.; ROSA TESHEINER, José Maria; KRÜGER THAMAY, Rennan Faria. *Los procesos colectivos*: Argentina y Brasil. Buenos Aires: Cathedra Juridica, 2012. p. 311.

——; USTARROZ, Daniel. *Lições de direitos fundamentais no processo civil*. Porto Alegre: Livraria do Advogado, 2009.

REALE, Giovanni. *História da filosofia*: de Nietzsche à escola de Frankfurt. São Paulo: Paulus, 2006. v. 6.

REZENDE FILHO, Gabriel. *Direito processual civil*. 2. ed. São Paulo: Saraiva, 1951. v. III.

RIBEIRO, Darci Guimarães. *Da tutela jurisdicional às formas de tutela*. Porto Alegre: Livraria do Advogado, 2010.

ROCCO, Ugo. *Trattato di diritto processuale civile*. Torino: UTET, 1966. v. II.

ROSENBERG, Leo. *Derecho procesal civil*. Trad. Santiago Sentís Melendo. 28 ed. Buenos Aires: EJEA, 1955. Tomo II.

ROUSSEAU, Jean-Jacques. *O contrato social*. Trad. Paulo Neves. Porto Alegre: L&PM, 2009.

SANTOS BEDAQUE, José Roberto dos. *Poderes Instrutórios do Juiz*. 3. ed. São Paulo: Revista dos Tribunais, 2001.

SANTOS, Boaventura de Sousa. *Pela mão de Alice*: o social e o político na pós-modernidade. São Paulo: Cortez, 1997.

SANTOS, Moacyr Amaral. *Prova judiciária no cível e comercial*. 5. ed. São Paulo: Saraiva, 1983.

SARLET, Ingo Wolfgang. *A eficácia dos direitos fundamentais*. 4. ed., rev. atual. Porto Alegre: Livraria do Advogado, 2004.

——; MARINONI, Luiz Guilherme; MITIDIERO, Daniel. *Curso de direito constitucional*. São Paulo: Revista dos Tribunais, 2012.

SATTA, Salvatore. *Direito processual civil*. Trad. Luiz Autuori. Rio de Janeiro: Borsoi, 1973.

SCARPINELLA BUENO, Cassio. *Curso sistematizado de direito processual civil*. São Paulo: Saraiva, 2007. v. 2, tomo II.

———. *Curso sistematizado de direito processual civil.* São Paulo: Saraiva, 2007. v. II, tomo I.

SCHONKE, Adolf. *Derecho procesal civil.* Trad. Pietro Castro. Barcelona: Bosch, 1950.

SCHWAB, Karl. *El objeto litigioso en el proceso civil.* Trad. Tomas A. Banzhaf. Buenos Aires: EJEA, 1968.

STRECK, Lenio Luiz. *Hermenêutica jurídica e (em) crise*: uma exploração hermenêutica da construção do direito. 5. ed., rev. atual. Porto Alegre: Livraria do Advogado, 2004.

TALAMINI, Eduardo. *Coisa julgada e sua revisão.* São Paulo: Revista dos Tribunais, 2005.

TARUFFO, Michele. Modelli di tutela giurisdizionale degli interessi collettivi. In: LANFRANCHI, Lucio. *La tutela giurisdizionale delgi interessi collettivi e diffusi.* Torino: Giappichelli, 2003.

———. *Processo Civil Comparado: ensaios – Verdade e Processo.* Trad. Daniel Mitidiero. São Paulo: Marcial Pons, 2013.

———. *Uma simples verdade.* Trad. Vitor de Paula Ramos. São Paulo: Marcial Pons, 2012.

TESHEINER, José Maria Rosa. *Eficácia da sentença e coisa julgada no processo civil.* São Paulo: Revista dos Tribunais, 2001.

THEODORO JÚNIOR, Humberto. *Curso de direito processual civil.* 50. ed. Rio de Janeiro: Forense, 2009. v. I.

VATTIMO, Gianni. *O fim da modernidade*: niilismo e hermenêutica na cultura pós-moderna. Lisboa: Editorial Presença, 1987.

VEIGA COSTA, Fabrício. *Mérito processual*: a formação participada nas ações coletivas. Belo Horizonte: Arraes Editores, 2012.

VIGORITTI, Vicenzo. *Interesse collettivi e processo*: la legittimazione ad agire. Milano: Giuffrè, 1979.

WAMBIER, Luiz Rodrigues; CORREIA DE ALMEIDA, Flávio Renato; TALAMINI, Eduardo. *Curso avançado de processo civil.* 7. ed. São Paulo: Revista dos Tribunais, 2005. v. I.

WATANABE, Kazuo. *Da cognição no processo civil.* 2. ed. São Paulo: Central de Publicações Jurídicas, 1999.

YARSHELL, Flávio Luiz. *Antecipação da prova sem o requisito da urgência e direito autônomo à prova.* São Paulo: Malheiros, 2009.

ZAVASCKI, Teori Albino. *Processo coletivo.* 3. ed. São Paulo: Revista dos Tribunais, 2011.

Impressão:
Evangraf
Rua Waldomiro Schapke, 77 - POA/RS
Fone: (51) 3336.2466 - (51) 3336.0422
E-mail: evangraf.adm@terra.com.br